ANTIDECÁLOGO
Diez ensayos (casi) arqueológicos

ANTIDECÁLOGO
Diez ensayos (casi) arqueológicos

Cristóbal Gnecco
Universidad del Cauca

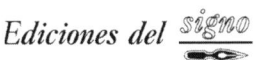

Universidad
del Cauca

Gnecco, Cristóbal

    Antidecálogo Diez ensayos (casi) arqueológicos / Cristóbal Gnecco.-- Popayán : JAS Arqueología Editorial, 2017.

    239 p. : figuras.

    Incluye referencias bibliográficas : pp. 217-232, e índice analítico : pp. 233-239.

    ANTROPOLOGÍA CULTURAL. 2. ARQUEOLOGÍA - HISTORA. 3. ARQUEOLOGÍA - ENSAYOS. 4. ETNOLOGÍA. 5. MULTICULTURALISMO. I. Título. II. Universidad del Cauca.

ISBN: 978-84-16725-01-4
Depósito Legal: M-8350-2017

© Universidad del Cauca, 2017
© JAS Arqueología, 2017
© Ediciones del Signo, 2017
© Cristóbal Gnecco

Primera edición: Editorial Universidad del Cauca /
JAS Arqueología / Ediciones del Signo, febrero de 2017

Diseño de la Serie: Editorial Universidad del Cauca
Corrección: Daniel García Raso y José Rodrigo Orozco Papamija
Diagramación: Mónica Quevedo Hernández
Diseño de carátula: Emilio Eusse Simmonds
Editor General de Publicaciones: Alfonso Rafael Buelvas Garay

Editorial Universidad del Cauca
Casa Mosquera Calle 3 No. 5-14
Popayán, Colombia
Teléfonos: (2) 8209900 Ext 1134 - 1135
editorialuc@unicauca.edu.co

JAS Arqueología
Plaza de Mondariz 6, 12° 4
28029 – Madrid, España

Ediciones del Signo
Aníbal Troilo 942, 5° 11
Buenos Aires (1197), Argentina

Copy Left: los contenidos de este libro pueden ser reproducidos en todo o en parte, siempre y cuando se cite la fuente y se haga con fines académicos y no comerciales.

Impreso en España: ServicePoint Facilities Management

Contenido

Presentación 11
   Origen de los textos 18

Multivocalidad, años después 21
   Multiculturalismo y arqueología multicultural 21
   Multivocalidad como inmanencia/Pasos
   para su historización 24
   Multivocalidad como concesión/Reaparición de la lucha 27
   Multivocalidad como relativismo y celebración
   de la diversidad/Afirmación de la diferencia 30
   Multivocalidad: arqueología con preposiciones 34

Antropología y arqueología: relaciones oblicuas 37
   Telón de fondo 39
   Cartografiar el presente 50
      Etnografía 51
      Materialidad 53
   Imaginar el futuro 55

Arqueología moderna y otros tiempos 59
   En el mundo de la representación 60
   Dos culturas 63
   Arqueologías y otros tiempos 67

**Un enredo extraordinario: arqueología,
ética, praxis, multiculturalismo** 75
   Multiculturalismo, arqueología y ética 80
   La ética y el futuro de la arqueología 85

**Arqueología histórica de abajo
hacia arriba. Notas desde Colombia** 91
   Modernidad encapsulada 92
   Escapando de la modernidad 103
   Reflexiones para comenzar 112

Paisaje con golem 117
   (In)definiendo lo que no se puede definir 121
   Humanismo, mercado y gubernamentalidad:
   los rostros multiculturales del patrimonio 127
   La caída de la casa del patrimonio (como lo "conocemos") ... 132
   Coda: glosa breve a un texto de la UNESCO 137

~~Excavando~~ arqueologías alternativas 141
   Un consenso (no tan) roto 141
   Goya y la mirada moderna 143
   ¿Arqueologías alternativas? 150
   Otros mundos 154

Sobre híbridos recién desatados 163
   Híbridos latourianos y arqueología 164
   Continuidades y discontinuidades
   en el norte de Suramérica 169
   El suroccidente de Colombia
   como teatro lleno de híbridos 172
   Híbridos desatados 180

Arqueo-etnografía de Tierradentro 185
   Cronología y suerte de un plan de manejo 191

Confesiones de un postarqueólogo 201
   Años de tiestos y clasificaciones 201
   Mi encuentro con Paul Feyerabend 203
   Nueva constitución, viejos asuntos 206
   La vida está en otra parte 209
   Die hard 211

Referencias citadas 217

Índice analítico 233

Lista de figuras

Figura 1. Indígenas selknam fotografiados
por Martín Gusinde 59

Figura 2a. *La maja vestida*, de Francisco de Goya.
Museo del Prado 143

Figura 2b. *La maja desnuda,* de Francisco de Goya.
Museo del Prado 143

Figura 3. Paul Feyerabend trabajando, tomada de Paul
Feyerabend Foundation: http://pkfeyerabend.org
/en/paul-k-feyerabend/ 205

El reflejo exacto es acertado —y quebradizo. Destrozar el espejo y volver a arreglar los pedazos. El resultado será, todavía, un reflejo de algo. Cualquier combinación es posible, cualquier número de pedazos puede quedar fuera. El único requisito es que, por lo menos, un fragmento permanezca.

Paul Auster,
Notas de un libro de composición

*Los desguazados tabúes
y el ir y venir entre sus límites
húmedos de mundo,
a la caza del significado,
a la fuga
del significado.*

Paul Celan,
Hebras de sol

Desde hacía casi medio siglo él se valía de su entendimiento como de una cuña para ensanchar, lo mejor que podía, los intersticios del muro que nos confina por todas partes. Aumentaban las resquebrajaduras o, más bien, al parecer el muro iba perdiendo su solidez sin dejar de ser opaco, como si se tratase de una muralla de humo, en lugar de una muralla de piedra... Del fondo de la resquebrajadura nacía una quimera. Él decía Sí, por audacia, del mismo modo que antaño había dicho No, también por lo mismo.

Marguerite Yourcenar,
Opus nigrum

Presentación

Este libro, los asuntos que discuto en este libro, las preguntas que intento responder, no surgen de una presunta crisis de la arqueología sino de un desplazamiento idiosincrático, el mío, en el seno del mundo. Los diez ensayos que he reunido aquí nacen de mi insatisfacción con el modelo dominante de socialización y pedagogía, con la naturalización del desarrollo y del mercado, con nuestra naturalización en mundos naturalizados. También nacen de una insatisfacción más específica: durante veinte años fui arqueólogo pero mi lugar ya no está en esa disciplina, en su entramado moderno/colonial. Trazar la trayectoria de mi descontento es un ejercicio histórico, no de lo que aconteció a la arqueología como si fuese una narrativa ajena, extraña y exterior sino de lo que me sucedió en ella. Este es un relato de mi vida en la arqueología. Por eso estos diez ensayos intempestivos son históricos. También son autobiográficos —en ellos estoy, desde ellos pienso— y analíticos porque en ellos busco encontrar al sujeto que vivió lo que escribo, tratando de entender por qué estuvo allí, queriendo dar sentido a su salida —que también es, cómo no, una entrada de otra manera, a otro lugar—.

Pensar históricamente: eso propone este libro. Pensar históricamente no quiere decir pensar en términos de narrativas (naturalizadas) sobre el pasado (naturalizado); quiere decir pensar en términos de acontecimiento, pensar cómo la "realidad" fue colonizada por el discurso arqueológico. Trato, pues, de oponer lo que acontece a lo que ha sido "desacontecido". Pensar la vida como acontecimiento (pensar relaciones, devenires, poderes en escena) no puede menos que desestabilizar aquello que, a fuerza de trabajo hegemónico e ideológico, ha sido estabilizado. Desestabilizar el canon arqueológico: ese podría ser el propósito mínimo de la tradición en la que este libro se inscribe y a la que busca pertenecer. Desestabilizar ese canon, claro, pero solo para buscar otras salidas. Como escribió Arturo Escobar sobre su libro contra el desarrollo "el propósito del análisis es contribuir a liberar el campo discursivo para que la tarea de imaginar alternativas pueda comenzar" (1998: 39). La liberación del campo discursivo comienza pensando históricamente, desnaturalizando los conceptos maestros de la disciplina, su núcleo metafísico y ontológico más estable. Implica historizar el pasado (y las formas de llegar a él), esa entidad moderna, trascendente y atemporal, en busca de la cual los arqueólogos van con el mismo celo y urgencia de los caballeros medievales en busca del grial. El propósito de los ensayos que componen el libro es desautonomizar el *pasado* de su matriz moderna, sacarlo de allí, acompañarlo a vivir en otra parte; eso implica, sobre todo, leerlo de otra manera, una manera tal que desdibuja su posición en la modernidad y desarticula su relación con la temporalidad teleológica, evolucionista.

Puesto que habitamos mundos naturalizados —creados por la hegemonía cultural, social, política y económica de un sistema, de una clase, de una ontología— tratar de habitar mundos desnaturalizados es una empresa que choca contra lo obvio. Choca contra los más básicos preceptos de la normalidad, aquella que la academia tiene la función de representar y reproducir. Anormalizar lo normal, entonces. Escandalizar(nos) de que tanta normalidad no escandalice, de que cosas tan duras como el racismo, la muerte de la solidaridad, la celebración de las jerarquías, no sean cuestionadas sino admitidas como ciertas, obvias, naturales. Para propiciar ese escándalo quiero que lo obvio deje de parecer lo que parece, que parezca otra cosa. Por ejemplo, hacer que ese precepto básico del programa científico que aún domina la disciplina (a pesar de que la mayoría pareciera haberlo abandonado, aunque solo lo haga de dientes para afuera, vistiendo de comunidad lo que fortalece de técnica), la equivalencia entre explicación y predicción, aparezca en toda su rareza, en todo su provincianismo vuelto universalismo violento: ¿cómo puede alguien aceptar que la búsqueda del pasado sea determinada por su conocimiento previo?; ¿para qué buscar lo que ya sabemos que vamos a encontrar? La exposición de esa paradoja (ya señalada por Borges en un relato clásico, casi arruinado por las tantas veces que ha sido citado por meta-arqueólogos como yo) trivializa el programa científico, trivializa la arqueología —subrayando, claro, su funcionalidad moderna y su violencia—. Por eso, además de otras muchas razones, primero hay que liberar de la ontología moderna el campo discursivo de la arqueología. Este libro propone pensar la arqueología y sus muchos objetos discursivos como acontecimientos, como fenómenos históricos con origen, despliegue y destino.

Empecemos.

El consenso sobre la arqueología, pacientemente construido por el programa científico desde la década de 1960, fue despedazado dos décadas después por la emergencia de programas internos distintos (feminismo, marxismo, hermenéutica) y por la impugnación de los subalternizados. Las víctimas del ataque fueron la objetividad y la higiene epistémica, herencias positivistas de las cuales la disciplina comenzó a deshacerse desde entonces, aunque a regañadientes. La arqueología, muy a pesar suyo, entró en la política y en el mundo contemporáneo. El pasado dejó de ser su único lugar de intervención —y de clausura—. Ahora fueron claras las urgencias del presente y las necesidades del porvenir: la arqueología asumió una conciencia renovada de su lugar en las políticas de la identidad. Pero el panorama actual de la disciplina dista de ser consensual.

Las arqueologías nacionales han muerto o están camino de morir —a pesar de su fuerza inercial, sobre todo basada en un imaginario colectivo bien aceptado desde hace muchísimos años y difundido por una academia deliberadamente descontextualizada—. Dos o tres décadas de multiculturalismo han alterado el rostro de la práctica disciplinaria. ¿Cómo seguir escribiendo la historia de Otros *preterizados* y objetivados cuando esos Otros luchan por su lugar y su tiempo en la contemporaneidad?; ¿cómo seguir contando la historia de un *nosotros* homogéneo, estático y disciplinado cuando el *nosotros* multicultural busca construirse en la diferencia y la disyunción?

Los arqueólogos académicos, entregados al abrazo ya incómodo de la ciencia, son aves raras en el país multicultural: autistas descontextualizados que cortejan un monopolio narrativo cuestionado, hace ya mucho, por el posicionamiento histórico de agentes no académicos, no siempre étnicos. Ante este hecho algunos de sus practicantes, acaso los más osados teóricamente, han acudido a una curiosa postura que mezcla un poco del viejo positivismo con otro poco de un nuevo constructivismo. Este coctel improbable define los contornos de la *arqueología multicultural* que hace cuatro cosas: (a) abrir su práctica a la participación de actores locales (en investigaciones y tomas de decisión); (b) abrir los espacios de circulación de sus productos (sobre todo con la promoción de museos locales y de medios impresos y audiovisuales); (c) incluir/usar interpretaciones históricas no modernas en la hermenéutica arqueológica; y (d) renunciar al control exclusivo de algunos asuntos disputados, sobre todo a través de la repatriación de restos biológicos y culturales. La primera solo ha logrado que los actores locales sean miembros de los equipos de investigación o, como máximo, ser entrenados en la disciplina. Esa apertura se ha enmarcado, usualmente, bajo la etiqueta de la *colaboración* pero las relaciones de poder no se ponen en juego; tampoco se cuestiona la profunda modernidad de su sentido democrático. La mayoría de los arqueólogos se contenta con ofrecer migajas culturales a las comunidades (un museo local, un vídeo, un folleto), preservando el control de los asuntos fundamentales (los diseños de investigación, el destino de los resultados, la producción y la difusión de las narrativas, la modernidad de esas narrativas). La segunda, la circulación ampliada de los discursos arqueológicos —que, junto con la colaboración, es la columna vertebral de la *arqueología pública*, parte fundamental de una forma de práctica más amplia que llamo *arqueología multicultural*—, ha tenido dos resultados: reproducir el canon arqueológico más profundamente y fomentar la reificación y objetivación del pasado, como en el caso de los museos locales que han brotado por todas partes, como la peste. La tercera, una hermenéutica arqueológica expandida, alcanzada al incorporar concepciones no modernas (del pasado, del tiempo), ha enriquecido el potencial explicativo de la disciplina pero no ha propuesto ni intentado entendimientos interculturales. Esa expansión interpretativa, que muchas veces recurre a ontologías ajenas que producen curiosos híbridos argumentales (como objetos vivos, con agencia, en medio de rígidos marcos funcionales), profundiza la arrogancia logocéntrica pero no propone ni intenta entendimientos interontológicos. Finalmente, la cuarta ha sido una concesión relativamente fácil, aunque se pretenda dolorosa, que ha permitido preservar el control de cosas más importantes o, por lo menos, de mayor impacto en el tiempo, como las narrativas sobre la historia y su lugar en los imaginaros colectivos.

La jugada maestra de la arqueología en tiempos multiculturales —cambiar para seguir haciendo lo mismo que ha hecho desde hace décadas— imita lo que hicieron los antropólogos textualistas de la década de 1980 (esos que localizaron la culpa colonial en el texto) y sobre quienes Johannes Fabian escribió: "¿Debemos temer que aquello que parece una crisis es sólo el ruido que hacen los antropólogos que se reagrupan en sus intentos para preservar sus privilegios de representadores?" (1990: 761). Preservar privilegios; de eso se trata. Los arqueólogos, miembros de una minoría cognitiva privilegiada, no quieren perder los privilegios que les otorga ser los dueños de una poderosa forma de representación que, como mucho, están dispuestos a compartir pero no a cambiar. Por si esto fuera poco, numerosos arqueólogos buscan satisfacer las necesidades del capital, transformándose en mercancías y acomodándose a una concepción legalista y vertical del patrimonio. La arqueología de rescate, de contrato o de urgencia (varios nombres para una misma maldición) ha abandonado la posibilidad de intervenir con autonomía para dedicarse a la función sumisa de complacer las necesidades del capital. Ha sido tal su impacto que un porcentaje apreciable de quienes hacen arqueología trabaja para ese mercado creciente —en Brasil, donde la situación es más angustiosa que en muchas otras partes del mundo, puede llegar al 95%—. La arqueología de contrato ha producido transformaciones curriculares: algunos programas de pregrado se han acortado en tiempo (no más de tres años) y se han vuelto más técnicos para producir en masa arqueólogos que satisfagan las necesidades contractuales que surgen de una agresiva expansión capitalista en varios campos (la infraestructura para transporte y la minería son los más salientes, pero no los únicos); en el proceso los vínculos entre la arqueología y la antropología, ya débiles, han sido prácticamente cortados. Los efectos colaterales de la virtual entrega de la arqueología al mercado de rescate han sido varios: (a) ha desaparecido una actitud crítica hacia el orden global; (b) se ha profundizado la conversión del pasado y el patrimonio en mercancía; y (c) ha disminuido la posibilidad de que la disciplina enfrente su aparato metafísico y ontológico, ya vergonzosamente jerárquico y neocolonial.

Entre su acomodación multicultural y su entrega a las exigencias del capitalismo la arqueología está pasando por una etapa compleja que demandaría un trabajo atento de introspección. Pero sucede todo lo contrario: ahora es más impermeable que antes a la reflexión y la crítica. Por un lado, se siente muy cómoda (gratificada) con sus concesiones multiculturales; por otro, el dinero que fluye en los circuitos internos de la arqueología de contrato es de tal magnitud que los arqueólogos no quieren que nada ni nadie perturbe su acceso al mercado, incluso bajo típicas y vulgares apropiaciones del plusvalor producido por otros, usualmente sus estudiantes. Por eso los arqueólogos buscan conservar sus privilegios —cognitivos y de otra clase—. ¡Quizás habría sido más fácil cambiarlos cuando aún eran modernos!

La relación de la arqueología con el capitalismo ha producido complacencia y silencio. Pero no estamos condenados a reproducir el canon disciplinario y sus formas atrabiliarias de relación con otros sujetos y ontologías y, tan importante, con sus horizontes de edificación de vidas alternativas. El futuro no tiene por qué ser el lugar de reproducción del presente. ¿Qué hacer? Me uno a quienes proponen una arqueología de la disciplina: un argumento alrededor de lo que hizo y no hizo, de lo que hizo voz y de lo que volvió silencio; en fin, de lo que es capaz de hacer si se desmarca de los mandatos modernos. Ese ejercicio acaso pueda mostrar que la arqueología actual hace eco a la forma como el multiculturalismo controla la diferencia a través de su conveniente promoción de la diversidad. Por eso es necesaria una arqueología de la diferencia radical —una arqueología radical de la diferencia—. No *otra* arqueología sino *otros* mundos desde la arqueología: otras sociedades, otras temporalidades, otras formas de aglutinación, otras formas de ser.

Este libro es una de mis maneras de proponer. Reúne ensayos que he escrito en los últimos cuatro años y que buscan pensar/hacer arqueología desde mi trabajo en Colombia; también son arqueológicos en el sentido de Foucault, esto es, genealógicos y críticos. Estos ensayos son, entonces, indagaciones arqueológicas sobre la arqueología. Los abordajes temáticos son amplios: patrimonio, repatriación, modernidad, nacionalismo, ética, alteridad, multiculturalismo, antropología, excavación. Su aparente dispersión obedece a mi esfuerzo por entender la economía política de la arqueología, los circuitos de producción, circulación y consumo del conocimiento arqueológico y las relaciones de poder inscritas en ellos. Esa perspectiva desborda los límites disciplinarios y quizás justifique las rutas que he escogido transitar.

Años de relaciones con amigos, de conversaciones en tantos lugares, de proyectos conjuntos, han dado forma a lo que pienso. Tanto así que lo que pienso (y escribo) no debería tener mi nombre sino el nombre de todos, el nombre de nadie. ¿Podrán reconocerse en estos artículos tanto como yo los reconozco en ellos? ¿Podrán algún día saber cuánto bien me ha hecho conocerlos, oírlos pensar, leer lo que piensan? Esos amigos, dispersos por el mundo, reunidos por el mundo, han venido a constituir un horizonte de referencia sin el cual no sería lo que soy. Voy a nombrarlos, solo para saber que faltan algunos: Cristina Simmonds, Alejandro Haber, Nick Shepherd, Herinaldy Gómez, John Dendy, Mauricio Pardo, Carina Jofré, Tulio Rojas, Wilhelm Londoño, Les Field, Adriana Dias, Rafael Curtoni, Lesley Green, José Luis Grosso, Patricia Ayala, José Alberione dos Reis, Yannis Hamilakis, Fernando López.

Los ensayos recopilados en este libro ya fueron publicados. ¿Por qué publicarlos de nuevo, entonces? Puedo ofrecer tres razones: (a) han sido publicados en revistas o libros en varios países (Argentina, Chile, México, Brasil, Estados Unidos e Inglaterra), algunos de difícil acceso; (b) fueron publicados por separado y su dispersión impide las ventajas comparativas que ofrece tener los textos juntos en un mismo libro; creo que su unidad temática, pero abordada desde distintos puntos de fuga, proporciona más fuerza a los argumentos; y (c) he revisado los textos originales para eliminar algunas partes que no encontré legítimo reproducir (bien porque ya no creo en ellas, bien porque la terca realidad se ha encargado de debilitarlas) o para ampliar algunos argumentos que aparecían solo bosquejados; también he cortado las repeticiones, frecuentes en las publicaciones originales de varios de ellos.

Origen de los textos

1. "Multivocalidad, años después". Publicado en el libro *Multivocalidad y activaciones patrimoniales en arqueología: perspectivas desde Sudamérica*, editado por María Clara Rivolta, Mónica Montenegro y Lúcio Menezes Ferreira (Félix Azar Editores-Universidad de Maimónides, Buenos Aires, 2015).

2. "Antropología y arqueología: relaciones oblicuas". Es una mezcla, espero que no del todo imperfecta, de dos artículos. Uno fue publicado con ese título en *Teoría*

arqueológica en Chile: reflexionando en torno a nuestro quehacer disciplinario, editado por Patricia Ayala y Flora Vilches (Universidad Católica del Norte, Antofagasta, 2012); el otro, "Archaeology as anthropology", apareció en inglés en el libro *Encyclopedia of global archaeology*, editado por Claire Smith (Springer, Nueva York, 2014).

3. "Arqueología moderna y otros tiempos". Publicado en la revista mexicana *Dimensión Antropológica* 56: 51-66, 2012.

4. "Un enredo extraordinario: arqueología, ética, praxis, multiculturalismo". Versión modificada de un artículo con el mismo título publicado en inglés en el libro *Ethics and archaeological praxis*, que edité junto con Dorothy Lippert (Springer, Nueva York, 2014).

5. "Arqueología histórica de abajo hacia arriba. Notas desde Colombia". Publicado en inglés en el libro *Historical archaeologies of capitalism. Second edition*, editado por Mark Leone y Jocelyn Knauf (Springer, Nueva York, 2015).

6. "Paisaje con golem". Este híbrido retiene el título y algunas partes de un artículo publicado en el libro virtual *Los pueblos originarios en los museos* (Museo Chileno de Arte Precolombino, Santiago, 2012) pero incluye partes sustanciales de otro, "Heritage in multicultural times", publicado en inglés en el libro *The Palgrave handbook of contemporary heritage research*, editado por Emma Waterton y Steve Watson (Palgrave-MacMillan, Nueva York, 2015).

7. "~~Excavando~~ arqueologías alternativas". Publicado en inglés en el libro *Reclaiming archaeology*, editado por Alfredo González-Ruibal (Routledge, Londres, 2013).

8. "Sobre híbridos recientemente desencadenados". Publicado en inglés en el libro *Against typological tyranny in archaeology. A view from South America*, editado por Carl Langebaek y por mí (Springer, Nueva York, 2013).

9. "Arqueo-etnografía de Tierradentro". Versión de un artículo publicado en portugués en la revista brasileña *Revista de Arqueologia* 26(1): 24-35, 2013.

10. "Confesiones de un postarqueólogo". Tengo la sospecha, probablemente infundada, de que aún no ha sido publicado.

Encontrado en un poema de Tomas Tranströmer: *La tribu gitana recuerda pero los que saben escribir olvidan. Anotan y olvidan.* Yo no quiero ser un escribidor de los que anotan y olvidan. No quiero olvidar lo que fui y, mucho menos, en lo que me he convertido. Este es un libro para mantener vivo el murmullo del recuerdo.

Multivocalidad, años después

En un librito que escribí hace años (Gnecco 1999) señalé que los contadores de historias en la modernidad no podían seguir sosteniendo la idea, soberbia pero también violentamente ingenua, de que el pasado solo existía en sus interpretaciones; también mostré que otras voces de la historia habían reclamado y encontrado atención, espacio y legitimidad. Llamé *multivocalidad histórica* a la concurrencia de esas voces, acaso horizontal y no jerárquica. Años después encuentro que muchas de las ideas que expuse en ese libro surgieron de una fuente multicultural y ahora no las reconozco. Si alguna vez la multivocalidad quiso ser heterodoxa ahora es parte del aparato institucional; si alguna vez quiso ser un camino hacia la descolonización ahora es parte del canon disciplinario que refuerza, pero no cuestiona, la mirada moderna. Este artículo, entonces, es un ajuste de cuentas conmigo mismo, una manera de señalar que el sujeto multicultural que escribió esas ideas ya no habita en mi piel. Me gustaría discutir tres asuntos: (a) la reificación de la multivocalidad; (b) la promoción de que el escenario multivocal es una concesión del aparato institucional; y (c) la multivocalidad como relativismo y expresión de diversidad. La discusión de esas ideas estará acompañada de su impugnación alternativa (antimulticultural). Antes de emprender esa tarea quiero mostrar qué pienso del multiculturalismo y de la arqueología que se acomoda a sus exigencias.

Multiculturalismo y arqueología multicultural

Una de las consecuencias de la reorganización política de las últimas décadas ha sido la nueva significación otorgada al viejo *salvaje* de la modernidad, ahora celebrado como ejemplo de diversidad cultural pero atrapado en la distancia que media entre el *otro real* y el *otro virtual* —estos conceptos son de Slavoj Žižek (1998)—. El "otro real" —que responde de maneras diversas, no siempre pacíficas, democráticas ni humanistas, a las presiones del capitalismo salvaje, a la velocidad de los flujos globales y a la violencia postideológica— debe dar paso, sin disonancias ni estri-dencias, al *otro imaginado* que vive su vida bucólica y exótica en el mundo de la tolerancia y la separación. El *otro real* no se reconoce en el guión de la autenticidad que sueña la nostalgia imperialista, no anacrónica sino plenamente funcional a la operación disciplinaria. El esencialismo (radical, agresivo, empoderado, anacrónico) del *otro real* no coincide con el esencialismo del *otro virtual* (auténtico, condescendiente, mercantil). La diversidad dejó su viejo papel de enemiga de la modernidad para ser domesticada y organizada por el multiculturalismo: el erotismo político de la modernidad fue reemplazado por la convivencia tolerante de lo diverso. La promoción de la diversidad cultural, impensable en tiempos modernos, ahora es un imperativo categórico, en el pleno sentido kantiano —un mandamiento autónomo y autosuficiente—.

En el mundo multicultural el espectro disciplinario ha sido ampliado —cuando no socavado— y los lugares donde se dice lo arqueológico han sido impugnados y localizados en otra parte, pero la autoría de esta obra cabe a los movimientos sociales, no a los arqueólogos. La *arqueología multicultural* es una estrategia disciplinaria que tolera las simbolizaciones distintas del pasado y también, aunque en menor medida, las formas de representarlas y la ampliación de su despliegue escénico. Esta tolerancia es hija de los tiempos y dice más de la distancia que se mantiene que de la relación solidaria que se construye.

Una de las más notorias contradicciones funcionales del multiculturalismo es la creación de diferencias *esencializadas* (en lo que radica, por cierto, su efectividad y su efectismo) y, al mismo tiempo, la condena de los esencialismos porque en ellos descansa, potencialmente, la génesis de las posturas radicales y empoderadas que teme y rechaza. La alteridad debe moverse, con un extraordinario y cuidado equilibrismo, por una tenue (pero firme) línea de identificación atemporal y descontextualizada pero evitando la estridencia esencialista (como si las esencias pudieran existir, pero en silencio, sin insinuarse demasiado, reservando su exhibición solo para entre casa y para el mercado de lo exótico). Una cuestión de límites. La arqueología multicultural ha recogido el mandato contemporáneo del compromiso con la justicia social, que se ha vuelto una necesidad y, adicionalmente, un tropo (vacío). Algunas arqueologías se "comprometen" con lo diverso (no casualmente ávido de esa justicia) solo marginalmente, casi sin quererlo. No son tan comprometidas, después de todo, por lo menos con respecto a las necesidades y expectativas de los sujetos no académicos.

La arqueología multicultural sigue los caminos trillados y ortodoxos del manual positivo, mira con desdén (pero usa selectivamente) las historias no modernas que las condiciones contemporáneas le obliga a tolerar y se complace en existir (con la seguridad del aparato institucional) en un mundo de historias separadas, domesticado y minado por el mercado. Estas características, que parecerían definir una arqueología que milita contra la violencia epistémica de la tradición logocéntrica, son engañosas. La arqueología multicultural es una nueva versión moderna de la disciplina acomodada a las necesidades y mandatos multiculturales. Sus dispositivos históricos proponen un escenario multivocal donde muchas voces históricas puedan escucharse y dialogar, conservando y respetando sus diferencias. La multivocalidad, dice el canon, es un escenario deseado solo si las voces no se excluyen, si se evita la construcción de nuevos escenarios de negación. Esos límites son los mismos que la retórica multicultural fija a la diversidad, cuya existencia debe transcurrir por cauces tranquilos y separados. La multivocalidad es un marco de organización (calmada) de las diferencias históricas, una propuesta académica controlada y organizada que no quiere voces disonantes ni radicales. Inédito hasta hace poco, *multivocalidad* es un concepto generosamente socorrido por los arqueólogos multiculturales. También es un concepto naturalizado. Su naturalización le otorga características que quiero discutir y problematizar; lo haré con tres de ellas, quizás las más importantes para su operación. (Aunque están estrechamente relacionadas haré el intento, acaso inútil, de separarlas). La primera parte de los subtítulos que las abordan es la que me resulta problemática; la segunda me permite pasear, con mayor soltura, por jardines con senderos que se bifurcan.

Multivocalidad como inmanencia/Pasos para su historización

Multivocalidad es un concepto popular en arqueología en estos tiempos porque remite a nociones de apertura, democracia, horizontalidad, pluralismo y respeto. Su popularidad es global y su existencia cada vez más aceptada porque permite a los arqueólogos tener la conciencia tranquila al mismo tiempo que continúan haciendo su labor como si nada hubiese, en realidad, sucedido. Por eso el camino a su reificación parece asegurado. Por ejemplo, el arqueólogo sueco Fredrik Fahlander afirmó que "en algunos aspectos el pasado es una 'cosa' heterogénea y multivocal que nunca podemos entender o reconstruir totalmente" (2004: 201) mientras que la activista y arqueóloga ojibwa Sonia Atalay señaló:

> El activismo y la influencia de los indígenas, dentro y fuera de la arqueología, tuvieron un fuerte impacto en la dirección de la disciplina. Simultáneamente, la investigación y esfuerzos de arqueólogos no indígenas, muchos de quienes trabajaron de manera cercana con grupos indígenas o en temas de marxismo, enfoques feministas o conceptos postprocesuales, trajeron a la arqueología un muy necesario cambio de perspectiva orientado hacia el respeto y el entendimiento de la multivocalidad (2008:32).

La "cosa heterogénea y multivocal" de Fahlander y el "respeto y el entendimiento de la multivocalidad" de Atalay asumen la multivocalidad como algo hecho, ahí afuera, indiscutible. Podemos aceptarla o no, promoverla o no, molestarnos con ella o disfrutarla, pero no debemos dudar de su existencia. La multivocalidad *es*, no advino. La multivocalidad es, ahora, un punto de partida de la arqueología verdaderamente *nueva*, la arqueología multicultural. La incorporación y rápida naturalización de un nuevo concepto es un evento recurrente en la historia de cualquier disciplina; de hecho, una de las tareas básicas de las disciplinas es, justamente, la naturalización de sus conceptos, sobre todo de aquellos que forman su núcleo filosófico. El entramado disciplinario está hecho de conceptos naturalizados. Son su arquitectura, su soporte (aunque abstracto), su amarre al mundo. A través de ellos la teoría de una disciplina postula la realidad; dice de qué clases está compuesta y cómo se relacionan entre ellas. Los conceptos arqueológicos no son el punto de llegada de las investigaciones sino su lugar de partida, los bloques (naturalizados) que forman el edificio disciplinario. Eso sucede ahora con la multivocalidad, una *condición* constituida por muchas voces a partir de la cual, dicen, una arqueología diferente puede ser pensada y construida, atenta a los cambios contextuales.

La multivocalidad ha sido tan grandemente naturalizada que, como condición, es algo que los arqueólogos multiculturales, sensibles a la diversidad cultural, no dudan en abrazar por buena y justa. Pero el asunto es que podemos pensar por fuera de la naturalización de los conceptos que sustentan la arqueología multicultural. Podemos historizarlos, entender sus límites y porosidades. Podemos entender su acontecimiento. Una genealogía mínima de la multivocalidad muestra que apenas tiene dos décadas. Curioso (¿curioso?): nadie hablaba de multivocalidad en la década de 1970, cuando el proyecto científico produjo un breve (pero intenso) consenso disciplinario pero ahora, con ese consenso destrozado, es parte del lenguaje cotidiano de la disciplina. ¿De dónde surgió y cómo hizo para posicionarse tan rápido? La multivocalidad es producto de las rearticulaciones disciplinarias motivadas por las transformaciones multiculturales. Nace de la corrección política, ese invento que permite al liberalismo contemporáneo —y a la arqueología multicultural— tener tranquilidad de conciencia, ánimo cosmopolita y cierta coherencia discursiva al mismo tiempo que se complace en alimentar las viejas jerarquías de la modernidad, aparentemente (pero solo aparentemente) desacreditadas y anacrónicas.

El mantenimiento del orden jerárquico ha recibido una ayuda, quizás insospechada pero ciertamente bienvenida, por parte de las llamadas "arqueologías alternativas" ligadas a la apertura disciplinaria de la cual la multivocalidad hace parte. Esas arqueologías buscan crear condiciones multivocales pero, simultáneamente, dejan intacta a la arqueología. Atalay, de nuevo, esta vez hablando sobre una de las arqueologías alternativas más conocidas y publicitadas, la arqueología indígena:

> [...] la intención es incorporar las experiencias y epistemologías indígenas dentro de las prácticas arqueológicas tradicionales. El propósito no es reemplazar los conceptos Occidentales por conceptos indígenas sino crear una práctica arqueológica multivocal que beneficie y hable a la sociedad en general (2008: 33-34).

Esta declaración es un triunfo multivocal del cual la arqueología debe sentirse justamente orgullosa: los indígenas aceptan su convocatoria a un diálogo, no por abstracto indeseado, en el cual no está en juego su naturaleza, su opción, ni su destino (los de la arqueología, desde luego). La multivocalidad es uno de los varios caminos que permiten a la disciplina preservar sus privilegios al mismo tiempo que parece relajar su férreo control de las formas de contar la historia. Pero su historización muestra que esto no es así: en el proceso multivocal la rudeza logocéntrica de la arqueología no se quebranta sino que se fortalece.

Multivocalidad como concesión/Reaparición de la lucha

Los tiempos que corren —postmodernos, transmodernos, postindustriales, como se quiera— muestran la nueva cara de la sociedad. En ella ahora conviven, en el pacifismo plácido (y probadamente explosivo) del relajamiento multicultural, identidades antes antagónicas y excluyentes. Una variedad de géneros y etnias es ya parte del paisaje actual del mundo, allí donde antes solo vivían ciudadanos heterosexuales y nacionales. Esa convivencia improbable es el máximo logro del capitalismo contemporáneo —quizás aún más que reemplazar las mercancías por el deseo en el imaginario de los sujetos— y se ha forjado con declaraciones retóricas notables, entre ellas la afirmación impúdica de que la recomposición de la sociedad es producto del altruismo de las elites dominantes.

No sé si hace trece años pensaba, como otros, que la multivocalidad era una graciosa concesión del aparato institucional. En cualquier caso, ahora entiendo que una arqueología "reformada" está dispuesta a compartir lo que más aprecia con sujetos previamente marginados: la coherencia epistémica disciplinaria. La arqueología sigue difundiendo los frutos de la Ilustración y logra que otros actores (locales) participen en espacios institucionales creados para controlar la definición y el manejo de los principios disciplinarios. Sus ganancias son numerosas: sigue con su práctica como ha sido conocida (no cambia nada de su tejido disciplinario), lo hace en público (generosamente), se siente más democrática (al compartir) y se acerca a lo que solía llamar *el salvaje*, apaciguando sus deseos y convenciéndose de que la cercanía disciplinaria se traduce en entendimiento espacial, temporal y cultural. También establece límites, consentidos por la oposición y, por lo tanto, (re)vueltos hegemónicos. Los "falsos hiperprivilegios" (Domínguez 1994) acordados a la diversidad cultural son el lugar de entrada para segregar y marginar de otra manera (la manera multicultural) y para neutralizar la potencia de la insubordinación con el argumento, insultante pero ampliamente aceptado, de que no se trata de logros de las luchas políticos de los subalternizados sino de graciosas concesiones altruistas del sistema. La puesta en marcha de la multivocalidad es labor del aparato institucional, su mejor freno a las impugnaciones —existentes y potenciales— hechas a la arqueología.

Pero la lucha no ha dejado de existir; está viva en los intersticios multivocales y se debe a varias razones que se pueden examinar enfocando el argumento en la relación de la arqueología con los indígenas, aún sus más férreos opositores. Para empezar, los pueblos indígenas y los arqueólogos piensan, sienten y quieren cosas distintas de su mutua concurrencia al escenario arqueológico. Para los arqueólogos está claro: la aceptación indígena de una arqueología abierta y democrática (¡multivocal!) es su mejor esperanza para el futuro de la disciplina. Los arqueólogos multivocales están encantados de compartir su conocimiento con la masa lega —esta vez vestida con atuendos étnicos—. Su movida ilustrada los place mucho porque disfrazan como altruismo y corrección política su indeclinable compromiso con la ontología moderna. En cambio, el posicionamiento de los pueblos indígenas frente a la arqueología no es tan consensual. Algunos valoran los procesos y resultados arqueológicos si son parte de sus agendas, considerando que los objetos y los rasgos vueltos arqueológicos por los discursos académicos o apropiados por las comunidades pueden servir para fortalecer la reflexión histórica. Otros confrontan la arqueología abiertamente y rechazan cualquier posibilidad de transacción con ella. Una revisión, incluso rápida, de la distribución geográfica de esas dos posiciones antitéticas muestra que la primera es más frecuente en grupos indígenas en democracias industrializadas mientras la segunda caracteriza a los grupos del viejo Tercer Mundo. Esa distribución no es aberrante; responde a la efectividad diferencial de las políticas multiculturales, a qué tan exitosas han sido en la construcción de hegemonías fuertes —alcanzadas más completamente en los países donde el nacionalismo fue más agresivo y triunfante—.

Los grupos que aceptan la arqueología y la hacen suya la quieren como un recurso más para dar vida al pasado. Algunas veces la quieren para confrontar *otras* historias (nacionales) en su propio terreno, con sus propios objetos discursivos. Lo que hacen es verdaderamente arqueológico (una mirada disciplinada sobre el tiempo materializado), pero esta vez controlado y diseñado para servir necesidades y expectativas nativas. Quienes confrontan a la arqueología y no quieren saber nada de ella levantan su voz desde una emergencia discursiva, desde la distancia, incluso desde una exterioridad asumida. Exponen y retan lo que ha hecho la modernidad y arrastran a sus instituciones a la pelea, incluyendo a la academia. La confrontación antimoderna no es nueva —tiene varios siglos— pero ganó más coherencia y fuerza desde la década de 1950, comenzando con las guerras anticoloniales en África. Ha aumentado su ritmo e intensidad en la escena multicultural, allí donde concurren actores con agendas opuestas. La arqueología es una de las partes que concurren a la escena histórica reconfigurada por las políticas multiculturales —entre las cuales la repatriación es una de las más prominentes—. Por su mera concurrencia pretende olvidar que otras disciplinas sociales reaccionaron a los enfrentamientos anticoloniales hace unos cuarenta años mientras que ella ignoró los cambios contextuales enterrándose en su laboratorio, su trinchera, sus tiestos.

¿Deben los arqueólogos sorprenderse de que su trabajo ahora sea impugnado, muchas veces desde un radicalismo agresivo que consideran una violencia injustificada e injusta contra su operación higiénica? Los arqueólogos preguntan, con una mueca: ¿por qué están los nativos tan furiosos si no les hicimos nada, si solo limitamos nuestro trabajo a contar hechos pasados a partir de restos materiales? Las buenas intenciones de los arqueólogos ilustrados, convencidos de que su conocimiento compartido de los secretos arqueológicos es la contribución esencial que puede dispensar su democracia, rebotan contra un muro sólido de rechazo ya sólidamente edificado en muchos lugares fuera de la academia.

Multivocalidad como relativismo y celebración de la diversidad/Afirmación de la diferencia

Mi abuelo, un sabio a quien no conocí, decía que el alma es inmortal, pero no mucho. Pienso en él, en lo que dicen que decía, cuando leo lo que muchos señalan sobre el relativismo: que es bueno, pero no tanto. Hace diez años descreía de los límites puestos al relativismo por sujetos que pensaban como mi abuelo, aunque sin su ironía. Entonces sostuve que el relativismo no aceptaba concesiones ni límites, generalmente impuestos por el saber experto o por la militancia política. Mi compromiso con el relativismo quizá me impidió ver su cara oscura, su paciente labor de desactivación de poderes alternativos, señalada por el feminismo décadas atrás:

> En el periodo postmoderno los teóricos "repelen" su ansiedad cuestionando las bases de las verdades que están perdiendo el privilegio de definir. La politóloga Nancy Hartsock ha hecho una observación similar; para ella es curioso que el reclamo postmoderno de que los constructos verbales no corresponden, de una manera directa, con la realidad haya surgido, precisamente, cuando las mujeres y los pueblos no Occidentales han comenzado a hablar por sí mismos y, de hecho, a hablar de sistemas globales de diferenciales de poder (Mascia-Lees *et al.* 1989: 14-15).

El feminismo pretendió cambiar la sociedad y la vida, destruyendo su eje masculino, y rechazó ser una voz más en el estante del museo relativista[1] pero terminó viviendo

---

[1] Paul Rabinow lo señaló de esta manera: "El intento por incorporar el entendimiento feminista en una ciencia antropológica mejorada o en una nueva retórica del diálogo es tomado como un nuevo acto de violencia. La antropología feminista está tratando de cambiar el discurso, no de mejorar un paradigma… no está tratando de inventar una nueva síntesis sino de fortalecer la diferencia" (1986: 255).

en la misma vieja casa de los hombres, aunque en un cuarto nuevo llamado *estudios de género* y en una parte donde no se oyera su ruido.[2] El ataque feminista al relativismo revolvió el agua tranquila del estanque antropológico e hizo salir el cieno del fondo. La transparencia del relativismo cultural fue enturbiada, acaso por primera vez desde su encumbramiento en la disciplina, para mostrar sus usos jerárquicos y discriminatorios (Geertz 1996; Kuper 2001). La eliminación de la transparencia relativista es una buena lección para la arqueología contemporánea porque permitiría mostrar que multivocalidad y relativismo están estrechamente relacionados —su genealogía revela una misma cuna— y que las dudas sobre el segundo no pueden menos que arrojar dudas sobre la primera; así fue señalado por Atalay (2008: 36-37), curiosamente en el mismo artículo de donde provienen las citas complacientes que transcribí más arriba:

> Así, aunque las concepciones indígenas del pasado usualmente incluyen aspectos de multivocalidad que, en la práctica tradicional, no entran en conflicto con conceptos de pluralidad también es crítico ser consciente de y poner en primer plano la manera como la multivocalidad, cuando se la localiza en el lugar apropiado dentro de la modernidad y la postmodernidad de Occidente, puede ser dañina o perjudicial para las concepciones indígenas.

---

2   "A pesar de todo, un ambiente de tolerancia también ha reducido los estudios feministas a solo un enfoque más, una vía, entre muchas, a los datos. En consecuencia, un interés declarado en poner a las mujeres de regreso en el mapa estimula la contención teórica. Así, la antropología feminista es tolerada como una especialidad que puede ser absorbida sin desafiar la totalidad" (Strathern 1987: 280). ¡Cuánta similitud con lo que sucede ahora en la arqueología multicultural! Aunque los grupos indígenas nunca han vivido en la casa de los arqueólogos la disciplina los invita a entrar; incluso les ofrece un cuarto nuevo, recién estrenado, de buena gana llamado *arqueología indígena*.

Las sospechas sobre la aparición de la multivocalidad en el horizonte disciplinario al tiempo que crecían las impugnaciones a la labor de la arqueología no son infundadas y subrayan una pregunta y una respuesta, ya convencionales: *¿Los subalternos critican a la arqueología? Pues bien, ofrezcámosles la multivocalidad para calmar sus ánimos.*

Por otra parte, en el aparato disciplinario ha hecho carrera la idea de que la multivocalidad se realiza en la pluralidad interpretativa —si no exclusivamente, sí fundamentalmente—. Ese es el sentido, por ejemplo, de la oferta de varias interpretaciones en las exhibiciones de muchos museos contemporáneos. En Canadá, donde las multi-interpretaciones han hecho una eclosión sin parangón alguno en el mundo, en 1988 se estableció un grupo de trabajo entre museos e indígenas como resultado del boicot nativo a la exposición "The spirit sings" en el Glenbow Museum de Calgary por la exhibición de una bolsa chamánica sagrada. Después de dos años de debate y consultas el grupo de trabajo produjo un reporte (Assembly of First Nations/Canadian Museums Association 1992) que se convirtió en un ejemplo mundial. La misión cumplida del grupo fue "desarrollar un marco ético y estrategias para que las naciones aborígenes representen su historia y su cultura en concierto con las instituciones culturales". Los resultados no tardaron en llegar y aún permanecen para testificarlo: exhibiciones permanentes en el National Museum of Civilization (Ottawa) sobre el poblamiento de América y museos de sitio como Head-Smashed-In Buffalo Jump y Wanuskewin que ponen en escena diversas interpretaciones del pasado, entre ellas la de los arqueólogos. La interpretación subalternizada, contenta con compartir el mismo lugar de la interpretación experta, olvidó su potencia subversiva.[3] Esta es una buena noticia para el mercado de lo exótico, un jugador de peso

---

3   Atalay lo sabía: "El ofrecimiento de una silla en la mesa interpretativa en ausencia de reconocimiento y respeto verdaderos por otras cosmovisiones puede volverse un gesto vacío, incluso peligroso" (2008: 38).

en los cambios que han sufrido las representaciones de la identidad, y la prueba de que entre el relativismo y la diversidad la única que pierde es la diferencia.

De hecho, las décadas posteriores a la última gran guerra, pero sobre todo las tres últimas décadas, han presenciado el abandono generalizado —en la academia, seguro, pero también en el lenguaje cotidiano— de categorías peyorativas y estigmatizantes (razas inferiores, primitivas, subdesarrolladas) y el encumbramiento de la relativización culturalista (culturas diversas) que desactiva la organización amplia de base, *des-racializa* el racismo (pero lo conserva intacto) y reifica/ funcionaliza las diferencias (como diversidad) para dulcificar las desigualdades. Como señaló Claudia Briones "Puesto que las relaciones sociales que recrean procesos de alterización se presentan y explican desvinculadas de la organización del capital y el poder internacional y nacional la diferencia cultural emerge como propiedad cuasi-ontológica" (2005: 22). Este no es un diagnóstico tan novedoso, como parece, de la operación multicultural. Ya había sido anunciado antes del nacimiento global de esa retórica por la agudeza de Guillermo Bonfil (1970: 47):

> La realidad desmiente la imagen de una sociedad armónica y funcional y nos obliga a poner en su lugar la de un sistema social *en tensión*, dentro del cual hay oposiciones, contradicciones y antagonismos de muy diversa naturaleza —y no sólo diversidades, que es lo único que revela un acercamiento superficial y puramente descriptivo—.

La idea multicultural de diversidad quiere que la heterogeneidad sea entendida como un "mosaico de identidades monocromas" (Brubaker y Cooper 2000: 33), eliminando las especificidades históricas, los procesos de alterización, las asimetrías y las relaciones de poder. Por eso es necesario establecer la distancia entre diversidad —la que promueve el multiculturalismo: quieta e inocua, exótica, complaciente, organizada, mercantil— y diferencia —la "constante producción y emergencia de sujetos en el embate de sus antagonismos y tensiones" (Segato 2007: 27-28)— y entender las alteridades en su acontecimiento.

Multivocalidad: arqueología con preposiciones

La auto-complacencia de la arqueología multicultural no se puede ver mejor reflejada que en la explosión de preposiciones cuando se refiere a su relación con otros sujetos que antes ignoraba y rechazaba, sobre todo indígenas. Ahora, en la fiesta de la multivocalidad, la arqueología habla con preposiciones: de los indígenas, para los indígenas, con los indígenas, a los indígenas, por los indígenas. Muchas reuniones recientes entre académicos y habitantes locales (indígenas o no, activistas o no tanto) hacen alarde de cercanía, colaboración, participación; en ellas florecen las preposiciones. ¿Qué hay detrás de tanta abundancia gramatical? Poco más que la búsqueda multicultural de la diversidad, la apropiación y neutralización de lo diferente que, en otras circunstancias, podría desestabilizar lo ya estabilizado a fuerza de hegemonía y trabajo ideológico. (En ese nuevo acto hegemónico, muchas veces consentido por lo diferente, medra el mercado). La multivocalidad abre el mundo de la representación y da acceso a otros sujetos representadores; quiere, sin embargo, que la representación sea un mero epifenómeno de relaciones jerárquicas que busca preservar. La representación multivocal —democrática, plural, horizontal— es separada, quirúrgicamente, del mundo del poder, y asume un carácter a-histórico porque es un escaparate de historias congeladas, vaciado de poder. Como señaló Segato: "La nación a-histórica de los culturalistas, incluyendo la 'formación nacional de alteridad' como matriz estable de organización interna de la diferencia se vuelve, así, maleable a las decisiones y políticas públicas de intervención reparadora" (2007: 26). Entonces, ¿qué hacer con la multivocalidad, colonizada por el aparato disciplinario y expuesta como una antigua fruta exótica ahora popularizada en el bazar de la tolerancia (el mismo bazar, cómo no, al que acude la arqueología multicultural, satisfecha de su compra)? Atalay (2008: 37-38), a quien tanto he citado (y en cuyo artículo encuentro muchos de los matices y aporías multivocales que he tratado de precisar), adelantó una respuesta:

> Ya no es suficiente para los pueblos nativos o cualquier otro grupo privado de sus derechos tener, simplemente, un lugar en la mesa cuando tiene lugar la interpretación. Se necesita un enfoque más amplio que incluya todos los aspectos de la investigación e implique cambiar la mentalidad de la gente en una escala mucho más amplia en cuanto a lo que se espera de la producción de conocimiento arqueológico.

Podría estar de acuerdo con Atalay (necesitamos enfoques más amplios, claro, y también cambiar la mentalidad de la gente) si no invocara a la arqueología al final de su prédica. La aparición de la disciplina cuando todo lo demás ha sido despachado, cambiado, suspendido, borrado, es una señal inequívoca de su solidez ontológica. Esa misma solidez que, por contera, dio origen a la multivocalidad cuando la arqueología creyó necesario hacer ciertas concesiones —que, por lo demás, no le resultaron muy costosas—. Por eso no estoy de acuerdo con Atalay y por eso la escena que imagino no puede ser sino esta: despedir a la multivocalidad por donde vino y trabajar para que la modernidad de la arqueología sea su compañera de viaje.

Antropología y arqueología: relaciones oblicuas

Las relaciones entre antropología y arqueología se han parecido a las de algunas relaciones de pareja: cordiales pero distantes, a veces más esto último que lo primero. Han sido mucho tiempo lejanas, casi desconocidas, a pesar de que en muchos países viven en la misma casa gracias a la adopción acrítica de la versión norteamericana de las cuatro sub-disciplinas. La arqueología, se dice, forma parte de la antropología. Si es así sorprende (por lo menos) que se empeñen con tanto ahínco en darse la espalda. También sorprende que sus caminos hayan sido tan divergentes: aunque parecieran haber partido del mismo lugar es innegable que han ido a distintas partes.

La pertenencia de la arqueología al campo más amplio de la antropología solo refleja el contexto americano. En casi todo el mundo —sobre todo en Europa, donde nacieron las disciplinas (o sub-disciplinas)— las dos han estado separadas en términos temáticos, pedagógicos y administrativos. Pero incluso en América, donde la intimidad entre arqueología y antropología rara vez se discute, su relación explícita es forzada y muchas veces ni siquiera existe, sobre todo ahora que el mercado de contrato ha llevado a crear programas académicos de tecnología arqueológica. La relación ha sido tan distante que, a pesar de su promocionada cercanía y de sus contribuciones al mismo campo temático, se ignoran mutuamente. Su cercanía o distancia están en función directa de su relación, separada o en tándem, con el colonialismo, la construcción nacional y, actualmente, con el multiculturalismo postnacional. A pesar de todo, lo que la antropología significa para la arqueología y viceversa es importante para sus destinos en tiempos postmodernos.

Al considerar la relación entre arqueología y antropología es necesario un comentario para clarificar la discusión que ocupa el resto de este artículo. Las interpretaciones arqueológicas *siempre* han usado datos culturales —especialmente los producidos profesionalmente por los antropólogos— para dar sentido (funcional y simbólico, sobre todo) a *cosas* y *sitios* a través de analogías transculturales; aunque estas últimas fueron usadas intuitivamente y de una manera relajada por décadas los arqueólogos han dedicado mucho esfuerzo para refinar y controlar su uso. En este sentido la relación íntima y unidireccional de la arqueología con la antropología es evidente y no necesita más argumentos. Pero otras historias pueden ser contadas en términos de su articulación mutua o separada con agendas y propósitos más amplios; esa es la historia que he escogido contar. Como el término *relaciones oblicuas* que aparece en el título proviene de un poema de Juan Gustavo Cobo Borda empezaré con uno de sus versos:

> Antes de proseguir dijo:
> Allí están las cosas, exigiéndonos ser justos.
> Sólo que él ya no tenía imaginación —reconoció, apenado:
> Apenas una memoria insomne, poblando el mundo de citas.
> ¿Y cuál era el mundo?

Trataré de mostrar cuál es ese mundo dividiendo el texto en dos partes: en la primera mostraré cómo arqueología y antropología nacieron juntas, en términos institucionales y de propósito, y pronto se separaron. En la segunda señalaré las nuevas ropas que visten en la era multicultural. Mi ejercicio genealógico estará ilustrado por el caso colombiano porque lo conozco mejor que otros; sin embargo, tiene suficientes puntos en común con la trayectoria de la antropología y la arqueología en otros países como para que esta singularidad pueda ser de utilidad analítica en otros contextos.

Telón de fondo

El origen de la antropología está ligado a la expansión colonial europea del siglo XIX. Sorprendidos por el extraño comportamiento de los pueblos que colonizaron y explotaron, los gobiernos coloniales supieron, rápidamente, que el mejor camino a un gobierno eficiente era el entendimiento de los nativos. El conocimiento antropológico de los *salvajes* emergió como una condición para tener mejores gobiernos. La arqueología es más vieja. Nació en el siglo XVIII para alimentar la imaginación histórica de una entidad moderna recién creada: la sociedad nacional. La antropología apareció para normalizar al Otro de la modernidad (los *salvajes* localizados en una exterioridad ontológica) mientras la arqueología domesticó un vector temporal indisciplinado basado en objetivación, universalidad y temporalidad progresiva —el tiempo moderno—. Su nacimiento europeo común no fue simultáneo y ocurrió en contextos diferentes: mientras la arqueología proveyó la temporalidad teleológica y monoétnica que necesitaban las naciones-Estado nacientes la antropología nació articulada a la administración de los pueblos colonizados en Asia y África. Aunque las definiciones canónicas dicen que ambas estuvieron dedicadas al estudio del "hombre" como ser cultural (una en el pasado, la otra en el presente), en Europa y otras partes desempeñaron funciones distintas. En América la historia es diferente porque allí la arqueología sí fue parte del campo temático de la antropología.

La relación entre las dos varía en tiempo y lugar, aunque en el núcleo de las narrativas maestras de la modernidad la operación histórica fue la misma: el ingreso de los *salvajes* a la civilización. Sin embargo, la implementación de la temporalidad moderna en América significó una diferencia crucial con los eventos en la metrópoli: mientras la arqueología en Europa escribió sobre los salvajes como parte del *yo* (en términos evolutivos, el primitivo que finalmente evolucionó hasta convertirse en el moderno civilizado) en América y otras partes del mundo colonial escribió sobre los salvajes como *otros*, esos seres despreciados que, milagrosamente, aportaron elementos culturales que sirvieron como fundamento de las sociedades nacionales. En Europa la denegación de coetaneidad a sus salvajes fue función de la teleología: no eran parte de la modernidad porque realmente pertenecían a un tiempo pasado. Su existencia retórica —su presencia en las narrativas arqueológicas construidas sobre reliquias *verdaderas*— y su transformación en sujetos modernos —su presencia en las historias nacionales— fue prueba concluyente del paso del tiempo progresivo. En América los salvajes como *otros* (los indios paradigmáticos) no fueron parte de la misma historia; no se transformaron en el sujeto civilizado. La apropiación de algunos logros indígenas —cuidadosamente seleccionados para que imitaran la civilización europea: metalurgia, domesticación de alimentos, arquitectura monumental, vida religiosa, gobiernos centralizados, incluso sistemas de comunicación similares a la escritura— por los contadores de historias nacionales, todos miembros de una elite que despreció a los indios y se consideraba blanca, fue una paradoja brutal. La arqueología se convirtió en la notaria de la desaparición de las sociedades preeuropeas "civilizadas": legitimó la desaparición de los indios (algo del pasado) y pavimentó el camino de las ideologías mestizas nacionales.

Esa fue la diferencia básica entre las metrópolis y las periferias en términos de relación de la historia. En Europa los antropólogos producían información desde y sobre los salvajes mientras los arqueólogos eran simples ciudadanos que elevaban, orgullosamente, su propio patrimonio; en las colonias de África y Asia los arqueólogos europeos se deleitaban con los placeres que deparaba la caza de antigüedades. En América, Australia y Nueva Zelandia los arqueólogos y los antropólogos trabajaron por un propósito similar: la construcción nacional. Por estas razones la arqueología en Europa y sus colonias no fue parte de la antropología. En cambio, la arqueología jugó un papel diferente en América, donde fue parte de la normalización del salvajismo. En América la arqueología y la antropología fueron equivalentes; su relación fue un producto acabado de la relación inseparable entre modernidad y colonialidad. Mientras la antropología se dedicó a normalizar a los salvajes con el indigenismo la arqueología los normalizó imponiendo una nueva temporalidad (la de la civilización) y usando sus rasgos civilizados escogidos como símbolos nacionales. El indigenismo fue la principal contribución antropológica al nacionalismo: proveyó los medios epistémicos por los cuales las sociedades indígenas fueron devoradas por la sociedad nacional. El indigenismo fue la retórica antropológica nacional por excelencia. La arqueología también fue indigenista a su manera, aunque su registro temporal haya sido otro: escribió sobre los "indios" (del pasado), sobre los medios para atraerlos a la historia nacional. Escribió sobre el pasado monumental que dejaron. Pero la arqueología no contó la historia indígena sino la historia de la civilización. Por eso libró una *guerra justa* contra la historia indígena en nombre de la razón moderna. Los indígenas entraron a la civilización de la mano de una historia contada por otros. Pero entraron no *siendo*. El requisito de entrada fue su negación. La ontología de los indígenas en el discurso de los arqueólogos es una larga negativa: no son, no están, no habitan ese discurso. Nada de esto extraña: la arqueología fue un dispositivo burgués/mestizo, una herramienta eugénica para la purificación del tiempo. Reificó y fetichizó las "culturas" indígenas. Esa operación fetichista le permitió canibalizar objetos ajenos, elevados a símbolos nacionales, ignorando las ontologías de las que participaron. El elogio arqueológico de un pasado glorioso fue bucólico y estético; silenció la tragedia de la conquista y siglos de colonialismo. El pasado fue vaciado de conflicto, del poder del poder. Así se instituyó una operación arqueológica doble: la pasteurización del pasado y la supresión de la continuidad histórica de los indígenas. La arqueología construyó una imagen de unidad esencial y atemporal, la de las sociedades preeuropeas, que trajo orden e identidad al caos doméstico (el de las sociedades nacionales que estaban siendo creadas). Al cartografiar la unidad y al certificar la desaparición de las sociedades indígenas la arqueología dio crédito a la idea burguesa de la raza cósmica. La apropiación nacionalista de la herencia arqueológica rompió su conexión con los indígenas contemporáneos, implicando que solo los mestizos (la sociedad nacional) eran los herederos dignos del esplendor preeuropeo y los sujetos a cargo de su custodia y promoción.

La antropología, que nació con la expansión colonial del siglo XIX, es hija de la modernidad: apareció para disciplinar al *salvaje* y para entregar los insumos epistémicos requeridos para su administración. América Latina no fue una excepción: desde que los constructores de la nación demandaron la aparición de discursos expertos que dieran cuenta de los *otros* étnicos —la exterioridad constitutiva de la modernidad— la antropología empezó a existir, aún antes de haber nacido. Un buen ejemplo de esta necesidad puede ser leído en *Reducción de salvajes*, un opúsculo que escribió el político colombiano Rafael Uribe en 1907 con el propósito de que sirviera de hoja de ruta nacionalista. Uribe señaló que el proceso de reducción de los salvajes (su incorporación al colectivo nacional) tenía que pasar por su conocimiento detallado y por la consideración de sus especificidades culturales. No es sorpresivo que volviera su mirada hacia los especialistas en relativización e indicara el papel de la antropología, entonces inexistente en su país:

> En suma, aplicar a cada cual este criterio, derivado del estudio que la antropología ha hecho del hombre natural, en su doble aspecto moral y físico: las diversas razas humanas sólo son productivas cuando se las aplica al género de trabajo que está conforme con el período de civilización en que se encuentran (Uribe 1979: 327).

Uribe pensó que no era posible proponer ni emprender políticas para tratar con la alteridad si primero no se la conocía porque la pluralización de los *otros* escondía diferencias culturales apreciables que debían ser entendidas si su reducción esperaba ser exitosa:

> Sobre estas bases el plan de reducción tiene que variarse para adaptarlo a la índole de cada tribu y a su clase de vida. No puede procederse del

mismo modo con el aruaco y el tunebo, indios de tierra fría, mansos, agricultores y sedentarios o que tienen tendencia a agruparse en aldeas fijas que con los cunas, los guajiros, los motilones y las tribus de Casanare y Caquetá, nómades y a quienes difícilmente se conseguiría atraer a los poblados. A cada uno hay que dejarlo donde está y abstenerse de introducir cambios violentos en sus costumbres (Uribe 1979: 316).

Vista desde los ejes que Tzvetan Todorov (1987: 195) usó para situar los discursos sobre la alteridad —*axiológico,* constituido por los juicios de valor; *praxeológico,* por las acciones; y *epistémico,* por el conocimiento— la propuesta de Uribe dejó en claro que el eje praxeológico era insostenible sin el eje epistémico.[4] Aunque los tres ejes están interrelacionados no son interdependientes —por ejemplo, puede haber valoración sin que esté acompañada de propuestas de intervención o acciones que no descansan en el conocimiento—. Sin embargo, cierta interdependencia apareció con la modernidad en el siglo XIX: los discursos expertos surgieron para proveer el conocimiento necesario para valorar y actuar sobre los diferentes, concebidos bajo criterios de salvajismo, inferioridad y atraso. Aunque la praxeología es constitutiva de la antropología —su construcción discursiva siempre está acompañada de algún horizonte político— las intervenciones emprendidas para tratar con la cultura de los *otros* se vuelven explícitas y son parte de proyectos políticos más amplios a partir de su conocimiento; en esos casos los horizontes praxeológico y epistémico se unen o se demandan mutuamente. La valoración, en cambio (por lo menos hasta el siglo XIX), se desenvolvió en un campo más autónomo.

En casi todos los países latinoamericanos el inicio institucional de la antropología estuvo signado por la militancia indigenista —con una clara intervención en la configuración de

---

4   La conciencia y el abordaje/solución de esa insostenibilidad signan la diferencia entre nacionalismos fallidos y otros más o menos exitosos.

los Estados-nación, como el título de la obra más programática del mexicano Manuel Gamio (1960) deja ver: *Forjando patria*—. Para Gamio, como para tantos otros antropólogos —y para los intelectuales decimonónicos y de inicios del siglo XX que requirieron la presencia de la antropología, décadas antes de su institucionalización— la disciplina era, por encima de cualquier otra consideración, un arte del buen gobierno, un piñón importante en la máquina maquiavélica de la modernidad:

> Es axiomático que la Antropología, en su verdadero, amplio concepto, debe ser el conocimiento básico para el desempeño del buen gobierno, ya que por medio de ella se conoce a la población, que es la materia prima con que se gobierna y para quien se gobierna. Por medio de la Antropología se caracterizan la naturaleza abstracta y la física de los hombres y de los pueblos y se deducen los medios apropiados para facilitarles un desarrollo evolutivo normal (Gamio 1960: 15).

Pero algo inesperado ocurrió en la segunda mitad del siglo pasado: la funcionalidad de la disciplina con los proyectos integristas fue severamente cuestionada por el levantamiento de las mujeres, los afroamericanos y los indígenas contra el orden androcolonial. Los antropólogos que más cerca habían estado de la lucha política contra el sistema decidieron actuar. Lo hicieron pronunciándose contra el indigenismo, acaso la expresión más acabada de la antropología como dispositivo moderno. El rechazo al indigenismo comenzó con un pequeño texto mexicano (Warman *et al*. 1970) y continuó con las tres declaraciones de Barbados,[5] la primera de las cuales señaló que "Las propias políticas indigenistas de los gobiernos

---

5   Aunque una de ellas fue hecha en Río de Janeiro (1993) se las conoce como Declaraciones de Barbados. *Pueden ser encontradas en las páginas* http://servindi.org/pdf/Dec_Barbados_1.pdf, ..._2.pdf y ..._3.pdf.

latinoamericanos se orientan hacia la destrucción de las culturas aborígenes... Desde su origen la antropología ha sido un instrumento de dominación colonial". Esa declaración también fue clara en su acompañamiento de la lucha de los movimientos sociales:

> [...] asumir las responsabilidades ineludibles de acción inmediata para poner fin a esta agresión, contribuyendo de esta manera a propiciar la liberación del indígena... La liberación de las poblaciones indígenas es realizada por ellas mismas o no es liberación. Cuando elementos ajenos a ellas pretenden representarlas o tomar la dirección de su lucha de liberación se crea una forma de colonialismo que expropia a las poblaciones indígenas su derecho inalienable a ser protagonista de su propia lucha.

Entre tanto, la arqueología continuó alimentando el nacionalismo al disolver las sociedades nativas pasadas en una historia común; se encerró, más firmemente, en un empirismo vulgar y agresivo desde donde se rehusó a salir a la luz pública y desde donde reforzó una vieja autoridad —la del arqueólogo que produce los textos y la de la disciplina que lo autoriza para hacerlo— que descansa en dos estrategias narrativas distintas pero superpuestas, una confesional que muestra la experiencia del arqueólogo —"yo estuve allí y esto fue lo que encontré"— y otra que la suprime, para dar paso a la "neutralidad" de la ciencia. De esta manera quedaría garantizada la infalibilidad del discurso arqueológico, su trascendencia de la realidad para alcanzar el plano totalizador de la abstracción. Las disciplinas que habían nacido juntas, aunque separadas, terminaron alejándose furiosamente, desdeñosamente, tanto que se refugiaron en una ceguera ignorante de sus actividades mutuas. Para los antropólogos el interés de los arqueólogos era esotérico, autista, desconectado de las contingencias contemporáneas. Para los arqueólogos los antropólogos eran militantes tan ensimismados con la urgencia política que ignoraban la importancia a largo plazo de su trabajo en la arena de la historia colectiva.

Mientras en la mayor parte del mundo la arqueología y la antropología han recorrido sendas distintas sin mayor ruido no es sorprendente que en América su relación preocupara a los arqueólogos hasta hace unas décadas, hasta antes de la eclosión de la arqueología de contrato. Los antropólogos, conscientes de su sofisticación teórica y de los matices de las representaciones etnográficas, han despreciado el empirismo rudo de sus colegas de disciplina, a quienes prestan poca atención. Los arqueólogos sintieron que su subdisciplina estaba para servir un propósito antropológico más alto, el entendimiento holístico de la humanidad, por medio del esmerado ordenamiento espacial y temporal de cosas antiguas abandonadas en el suelo. Lo hicieron, básicamente, proveyendo los datos de temporalidad larga que necesitaban las tipologías evolucionistas sobre la sociedad para llenar sus agujeros temporales. Sin embargo, preocupado de que la relación se estaba deslizando hacia una mera cohabitación administrativa sin articulaciones ontológicas y viendo en la antropología un modelo para seguir Philip Phillips escribió el que se convertiría en un *dictum* famoso, con consecuencias duraderas: "La arqueología americana es antropología o es nada" (1955: 247). La antropología a la cual se refería Phillips era de un tipo específico —objetiva y disciplinada por protocolos científicos—. El espejo donde se veían los arqueólogos era la ciencia nomotética y universalista. Poco después Lewis Binford (1962: 217) bosquejó relaciones aún más claras por medio del uso de la palabra clave *explicación* ("la demostración de una articulación constante de variables dentro de un sistema"), la bisagra que articularía las disciplinas que estudiaban al "hombre" como ser cultural susceptible de escrutinio científico.

La antropología fue escogida como modelo para la arqueología debido a un legado irreflexivo que enfatizó un origen común, pero pronto se volvió una carga. La dependencia servil de la arqueología ante la antropología fue resentida por muchos, especialmente en términos de teoría, tanto así que creció el llamado para que la arqueología desarrollara su propia maquinaria conceptual. El programa científico ampliamente adoptado desde finales de la década de 1960 encontró necesario mantener lazos genealógicos con la disciplina madre pero construyendo su propio aparato teórico y metodológico (entendiendo que las herramientas técnicas ya estaban a mano) como medio para elevar la arqueología a plena madurez. Un artículo icónico en este sentido fue escrito por David Clarke (1973) —un académico británico, desde luego—, celebrando la pérdida de inocencia de la arqueología a expensas de casi ignorar a la antropología. Confiada de que incluso su propia "teoría general" era alcanzable, la arqueología decidió seguir su propio camino. La decisión no fue sorpresiva: aunque liderada por arqueólogos británicos que provenían de una tradición no relacionada con la antropología rápidamente echó raíces y selló el abandono de las últimas huellas de su relación funcional con la nación... ¡Y de su relación con la antropología! La arqueología se encerró en un mundo científico, meta-real, alejado de preocupaciones contemporáneas, como historia colectiva e identidad —justo los asuntos con los que trataban los antropólogos—. Para los arqueólogos científicos el campo que todavía los liga a la antropología, aunque por simple instrumentalismo, es la etnoarqueología, ampliamente promovida como un contacto con *pueblos vivos* pero simplemente dedicada a producir información para la traducción de estática (el registro arqueológico) en dinámica (la operación de las culturas).

La ola de reflexión y crítica que plagó a la antropología después de la década de 1970 (que ocurrió debido a las acusaciones crecientes de su complicidad con el colonialismo) de alguna manera impactó a la arqueología. El movimiento crítico, aunque nunca tan agónico como en la antropología, tomó la forma de preguntas metadisciplinarias: las complejas relaciones con el imperialismo, la construcción nacional, la alteridad y el capitalismo fueron considerados, en muchos casos por primera vez. El desenredo de esas relaciones llevó a la arqueología más cerca de la antropología, porque tocó los nervios del mundo contemporáneo, y más cerca de la política, una preocupación arqueológica reciente que ha sido abordada de varias formas. Muchos arqueólogos practican la política a la manera multicultural: políticamente correctos mientras llegan al público, celebran su proximidad con los *otros* (todavía un objeto académico) pero tienen cuidado en no mezclarse con ellos excesivamente y salvaguardan sus privilegios epistémicos.

La repatriación es uno de los mejores ejemplos en este sentido porque no compromete la integridad de la disciplina pero permite a los arqueólogos acercarse a los *otros* en un encuentro regulado, controlado y ofrecido por el aparato disciplinario. Aunque se trata de un recurso estratégico cuya potencialidad a favor de las luchas de los movimientos sociales es innegable bien vale preguntar por qué se ha vuelto tan central y tan visible. En un artículo ya canónico sobre postcolonialismo y arqueología Chris Gosden (2001: 258) señaló:

> La agencia de los pueblos indígenas en la creación de formas coloniales en el pasado tiene un eco fuerte en la actualidad, cuando las exigencias para que los arqueólogos creen visiones de la historia más sensibles localmente están respaldadas por la legislación. Esto significa que la investigación actual debe ser un proyecto colaborativo entre los arqueólogos y las comunidades locales y que esto sólo puede ocurrir *una vez que las injusticias del pasado hayan sido retomadas, lo que generalmente significará el retorno de esqueletos o cultura material* que se considera que fueron inapropiadamente obtenidos, guardados o exhibidos (cursivas añadidas).

Este párrafo y las cursivas que resaltan su argumento más revelador quizás encierran parte de la respuesta: la voz de Gosden es multicultural, la voz del sujeto que relaja algunos de sus viejos seguros monopólicos y concede, graciosamente, la repatriación para poder seguir haciendo lo mismo que ha hecho siempre. La concesión de la arqueología ante las presiones contemporáneas no es un acto altruista sino una acomodación oportunista, típicamente multicultural.

La repatriación es uno de los asuntos más debatidos en la arqueología actual no tanto porque devolver sitios, cosas y restos atente contra la mirada integrista de muchos arqueólogos sino porque se ha convertido en el lugar ideal para expiar la culpa colonial (siempre y cuando sea controlada y santificada por el aparato institucional). Así como la antropología metropolitana reaccionó ante las sindicaciones de complicidad con el aparato colonial dando un giro textualista los arqueólogos encontraron en la repatriación la forma de conceder sin comprometer, de expiar su culpa sin modificar su actuación colonial. Mientras la repatriación repara "las injusticias del pasado" la arqueología puede seguir orando en el altar de su auto-referencialidad complaciente, en la ermita de su reclusión. Los arqueólogos están firmemente convencidos de que la repatriación limpiará su casa. Su sacrificio es menor: devolver (o compartir) unas cuantas "cosas" para preservar los privilegios cognitivos, la mirada logocéntrica, la red narrativa, el impacto mnemónico. Además, la repatriación no involucra bienes patrimoniales o patrimonializables en sentido humanista, es decir, bienes cuyo consumo real o potencial buscan asegurar los agentes transnacionales. Como si fuera poco la repatriación está juiciosamente regulada. El concepto clave de esa regulación es una joya antropológica, la *afiliación* o *continuidad cultural*, que exige "una *relación razonable*, establecida por *evidencia preponderante*" entre la comunidad que reclama y los ancestros involucrados en el reclamo "que pueda ser evidenciada o inferida por información geográfica, de parentesco, biológica, arqueológica, antropológica, lingüística, folclórica, de tradición oral, histórica u otra *información relevante u opinión experta*" (añadí las cursivas).[6] La *afiliación/continuidad cultural* es un veneno multicultural: el saber experto determina descendencia y memoria, sobre todo cuando se trata de casos contenciosos

---

6 Tomado de "Determining cultural affiliation within NAGPRA", un documento del National Park Service de Estados Unidos que se encuentra en la siguiente dirección: http://www.nps.gov/nagpra/TRAINING/Cultural_Affiliation.pdf

(cuando no lo son puede permitir que el conocimiento no experto presuma de información relevante). El sentido de que solo la continuidad legitima eleva a perversidad colonial lo que podría reducirse a una curiosa paradoja: ¿cómo los herederos de la declarada liminaridad bolivariana[7] pueden otorgar legitimidad a quienes, acaso, tendrían que otorgarla? ¿No es una obscenidad colonial exigir y otorgar continuidad a pueblos que en muchas legislaciones son declarados originarios, cuando no antecedentes (como en el caso canadiense de las *First Nations*)? La continuidad cultural funcionaliza la determinación experta como instrumento: la información del *logos/telos* regresa a la base para su utilización estratégica. La continuidad/afinidad cultural es el lugar de encuentro de los expertos (los arqueólogos) con los objetos de la expertica (las comunidades locales), el lugar multicultural por excelencia.

Cartografiar el presente

Varios libros (Gosden 1999; Gillespie y Nichols, eds., 2003; Garrow y Yarrow, eds., 2010; Shankland 2012) y una oleada de simposios profesionales en los últimos años muestran que la relación entre antropología y arqueología ha despertado un nuevo interés. Los principales puntos de encuentro, algunas veces entrelazados, son la etnografía y la materialidad; Ingold (1993) añadiría el tiempo y el paisaje a la lista, pero no los exploraré debido a que han recibido bastante menos atención. Tampoco discutiré la idea, aún popular, de que la arqueología está posicionada, como ninguna otra disciplina, para proporcionar datos de larga duración para el entendimiento antropológico de las

---

7   "...no somos ni indios ni europeos sino una especie media entre los legítimos propietarios del país y los usurpadores españoles: en suma, siendo nosotros americanos por nacimiento y nuestros derechos los de Europa tenemos que disputar éstos a los del país y que mantenernos en él contra la invasión de los invasores; así nos hallamos en el caso más extraordinario y complicado" (Bolívar 1969: 34).

prácticas culturales o, como en el caso de la *arqueología aplicada*, para la implementación actual de tecnologías antiguas exitosas —como los campos agrícolas elevados en varios lugares tropicales de Suramérica—. El acceso arqueológico a la temporalidad larga (también llamada *el pasado distante*) daría cuenta de variaciones y cambios (pero también de continuidades) no disponibles a la maquinaria teórica y metodológica de otras disciplinas sociales. El entendimiento de adaptaciones y extinciones (sus causas, consecuencias y ventajas) ha sido usualmente mencionado como el campo al cual puede contribuir la privilegiada mirada arqueológica. Sin embargo, esa contribución está limitada por un amplio rechazo del uniformismo y por la constatación de una tautología simple: los modelos arqueológicos basados en datos antropológicos se usan para informar las interpretaciones antropológicas.

Etnografía

La etnografía ahora aparece como un territorio común para la arqueología y la antropología, tanto así que un reciente artículo que revisa el estado del arte (Hamilakis 2011) la llama "un terreno de encuentro multitemporal" para ambas. Nuevos enfoques relacionales, indistintamente llamados "etnografías de la arqueología" (Edgeworth 2010), "etnografías arqueológicas" (Hamilakis 2011) o "arqueología etnográfica" (Castañeda y Matthews, eds., 2008), "usan métodos etnográficos para tratar de entender las *prácticas culturales de la arqueología*" (Edgeworth 2010: 54); su núcleo filosófico está constituido por relaciones y significados entre seres, no entre cosas. Comparten el interés por los efectos de las actividades arqueológicas (excavación, exhibición, curación, diseminación) en los públicos locales y por la manera como esos públicos se relacionan con la arqueología y sus varios objetos discursivos. Para usar una venerable expresión arqueológica documentan sus propias actividades *in situ*: el *sitio* arqueológico es elevado a un lugar construido donde se despliega la materialidad de lo social y lo político (los efectos duraderos de los discursos arqueológicos; su articulación con agendas nacionales, regionales o subalternas, por ejemplo, no está en la mira de sus investigaciones). A través de la reflexión y la crítica buscan entender (a) cómo los arqueólogos producen conocimiento en su condición de sujetos situados y posicionados; (b) cómo se relacionan los diferentes públicos con ese conocimiento (irónica, selectiva y oposicionalmente); y (c) cómo se despliegan las representaciones arqueológicas y, muchas veces, cómo son enfrentadas. La arqueología puede encontrar en la mirada etnográfica una fuente generosa de reflexión sobre la dicotomía observador/observado. Por décadas los arqueólogos despreciaron la etnografía (esa rara actividad realizada por los antropólogos, incómodos compañeros de cama a quienes no hablaban, con quienes no compartían) solo para considerarla ahora como una forma novedosa de conectar pasado y presente.

Las etnografías arqueológicas no son equivalentes a las actividades etnoarqueológicas a las que estaban tan acostumbrados los arqueólogos científicos. A pesar de miradas optimistas y condescendientes que la muestran como antecesora de las etnografías arqueológicas la etnoarqueología tiene otra genealogía bien distinta: su promocionada humanización de la disciplina a través del contacto con la *cultura viva* es una trampa. Su atracción de la gente a la arqueología solo busca ampliar su horizonte hermenéutico (el de la arqueología, por supuesto): las "observaciones" etnográficas no pretenden ser un encuentro intersubjetivo sino una observación precisa que sirva como fuente analógica que guíe la interpretación. La gente que el arqueólogo estudia desde su curiosa forma de etnografiar es objeto develado, medido, disciplinado. La *etnoarqueología* refuerza la mirada logocéntrica, evita el camino inter-subjetivo, somete la multiplicidad, produce insumos para el saber experto. No le importan los sujetos que estudia tan juiciosamente (esos objetos móviles) sino la información que producen para la meta-realidad arqueológica. Pero lejos de la etnoarqueología los arqueólogos y las comunidades locales pueden entrar en nuevas clases de relaciones, significativamente construidas alrededor de interacciones de vidas y seres y de entendimientos intersubjetivos —precisamente el sentido de la etnografía, a pesar de muchos antropólogos (Fabian 1990)—.

Materialidad

Una idea difundida y compartida es que la especificidad arqueológica, más que cualquier otra cosa, descansa en su experticia sobre los artefactos, especialmente si son antiguos. Durante la mayor parte de la historia de la disciplina los artefactos fueron cosas inertes, exteriores y calladas destinadas a mediar entre la cultura y la naturaleza. Sin embargo, debido al enfoque holístico promovido por el programa científico los artefactos comenzaron a ser considerados de una manera más amplia e interactiva como parte importante de la *cultura material*. El uso de *material* como adjetivo de *cultura* (pero no al revés) señaló un cambio importante: las relaciones sociales entraron al campo antes sellado y autónomo de los artefactos. Una consecuencia básica de este cambio fue que la arqueología se involucró en discusiones relacionadas con otros campos (filosofía, economía, historia) y plantó su tienda en segmentos de tiempo y temas antes ignorados; ese es el origen, por ejemplo, de la arqueología histórica y su vástago más nuevo, la arqueología del pasado reciente. La arqueología, uniendo fuerzas con otras disciplinas alrededor de la cultura material, comenzó a hablar sobre mercancías, consumo y constitución de personas sociales. Ese propósito interdisciplinario está detrás de la creación de los estudios de cultura material (e.g., Buchli, ed., 2002). Parte de la misma tendencia, la llamada antropología de la tecnología (Lemonnier 1992) reúne a la antropología y a la arqueología al desplegar observaciones etnográficas sobre prácticas culturales centradas en la *techné*. Esas observaciones restan importancia al determinismo económico como medio para entender las escogencias humanas relacionadas con opciones técnicas y tecnológicas; más bien, muestran que esas escogencias son usualmente dictadas por fuerzas poderosas que no pueden ser explicadas por criterios funcionales. El enfoque etnográfico no reduccionista adoptado por la antropología de la tecnología ha humanizado el mecanicismo inherente en los estudios diseñados para entender la organización tecnológica, la versión anglo de la *chaîne opératoire* francesa. Un campo relacionado de investigación, del cual los arqueólogos han derivado grandes beneficios, busca reconstruir la vida social de los objetos (Appadurai 1988), sobre todo a través del lente de la economía política —la razón que explica por qué las cosas son frecuentemente consideradas en su fase mercantil—. Otra área de investigación en esa misma dirección pone a los museos en la mira porque son lugares icónicos donde ocurren interacciones directas y corporales entre el público y los objetos producidos por la arqueología.

Hace pocos años los arqueólogos importaron teorías sobre agencia a los estudios de cultura material, mostrando cómo los seres humanos se posicionan, activamente, hacia las "cosas" y cómo estas participan en la producción y reproducción de la vida social; en esas teorías, sin embargo, las cosas no participan como seres (como postulan las teorías relacionales) sino como objetos aún fetichizados y reificados. La agencia se otorga a los humanos, no a las cosas. Este hecho muestra que la mayor parte de los estudios de cultura material está sostenida por preceptos ontológicos modernos que separan, rigurosamente, a los no humanos de los humanos, tanto como la mente es separada de la materia. Por esa razón el término *materialidad* ahora es preferido por quienes enfatizan procesos y eventos y, quizás más importante, por quienes piensan que los objetos (que la modernidad llamaría, simplemente, no humanos) pueden ser arrancados de su cuna ontológica moderna. Así ha emergido una alternativa que se relaciona con otras ontologías en las cuales la vida y el mundo son concebidos y actuados relacionalmente, entendiendo la materialidad a través de su arraigo en una red de entidades vivas (Haber 2009); está ligada al trabajo de varios individuos y tradiciones, básicamente en los estudios sociales de la ciencia (como la *cosmopolítica* de Isabelle Stengers y la *antropología simétrica* de Bruno Latour) y la antropología (como las *multiontologías* de Marisol de la Cadena y el *multinaturalismo* de Eduardo Viveiros de Castro).

Imaginar el futuro

Actualmente hay un optimismo creciente entre muchos arqueólogos sobre el reencuentro con la antropología a través de la etnografía, tanto que las editoras de un libro reciente dedicado al asunto señalan que

> [...] prevemos un tiempo cuando las etnografías de la arqueología como estas (que describen el contexto social, las reverberaciones locales o las economías políticas de las ideas u objetos arqueológicos) sean consideradas tan significativas para el campo de la arqueología como la excavación o el análisis de artefactos (Hollowell y Mortensen 2009: 8).

Sin embargo, existen razones poderosas que aconsejan no celebrar tan pronto. Dos condiciones actuales aumentan la separación entre arqueología y antropología al solidificar el aislamiento de la primera y al mellar su filo político: (a) sus relaciones acomodadas con las políticas multiculturales, especialmente las que exigen la corrección política y la mercantilización de la alteridad; y (b) su entrega al mercado por medio de los proyectos de contrato, en los cuales la práctica disciplinaria está articulada a las necesidades del desarrollo. El rostro multicultural de la arqueología es vergonzoso. La relación íntima de la arqueología con el capitalismo —como se expresa en la provisión de datos para legitimar una temporalidad progresiva— ha aumentado debido a la obscena expansión de la arqueología de contrato a nivel mundial. Así, el futuro de la relación entre arqueología y antropología está sujeto a fuerzas diferentes. Una es centrífuga y las aleja; lo hace a través de la acomodación a las necesidades multiculturales y capitalistas. Otra fuerza es centrípeta y las acerca, compartiendo preocupaciones en una plataforma convergente alternativa donde se pone en cuestión la ontología moderna. En este sentido las etnografías arqueológicas pueden producir el colapso de la auto-referencialidad disciplinaria, el fin de su encierro; también pueden ofrecer experiencias intersubjetivas como lugar para conocer, que deja de ser función de prescripciones metodológicas, como estableció el canon disciplinario, para ser resultado de relaciones entre sujetos que luchan por acercar mundos diferentes; esa proximidad puede abrir vidas y acciones realmente alternativas a la modernidad.

Los arqueólogos gustan hablar sobre el pasado —bueno, eso es lo que hacen y de lo que viven— pero no gustan hablar sobre el futuro (sobre todo sobre *su* futuro), un horizonte temporal alejado de sus intereses corporativos. Por eso no sorprende que sea un antropólogo, no un arqueólogo, quien se haya aventurado en los cambiantes terrenos de la predicción para imaginar cómo lucirán la arqueología y la antropología en cuatro décadas. Tim Ingold (2010: 160) piensa que tendrán una agenda común basada en la relacionalidad (en vez del antropocentrismo) y en la persistencia de la vida (en vez de su preservación):

> Entre la arqueología y la antropología social, entonces, ya no hay ninguna diferencia de principio. En efecto, han convergido en una ciencia de la vida cuya principal preocupación es *seguir lo que ocurre*, dentro de campos dinámicos de relaciones en los cuales las formas de los seres y las cosas son generadas y mantenidas en su lugar...[Así] el *arqueo-* de la arqueología y el *antropo-* de la antropología han perdido su atractivo previo...[y la arqueología] se ha vuelto un anacronismo porque el sujeto que aún lleva ese nombre hace rato ha perdido su asociación con la antigüedad. No es que los arqueólogos hayan dejado de excavar en busca de evidencias de vidas pasadas, de la misma manera que los etnógrafos no han dejado de participar en las vidas que ocurren a su alrededor, en lo que llamamos el presente. Pero han abandonado la pretensión de

que el pasado es más viejo, o más antiguo, que el presente, reconociendo que los acontecimientos del pasado no están depositados en momentos sucesivos mientras el tiempo avanza sino que son constitutivos de esos mismos momentos.

El espacio intersubjetivo facilitado por el encuentro etnográfico implica el abandono definitivo del objetivismo en los discursos arqueológico y antropológico. En el encuentro etnográfico, pero también en el establecimiento de relaciones horizontales y participativas que eliminen la distancia (entre observador y observado, entre investigador e investigado, entre la modernidad y lo demás), la arqueología encuentra a la antropología de nuevo. Este encuentro, ya no accidental ni burocrático sino deliberado y militante, es el escenario para una nueva moralidad que no puede ser encontrada solamente dentro de los límites disciplinarios (tercamente patrullados para preservar privilegios epistémicos) sino que surgirá, más probablemente, de una articulación, simple y no jerárquica, con vidas construidas y en construcción fuera de las exigencias modernas. Esa nueva moralidad quizás encuentre una senda envolatada entre el positivismo y el constructivismo.

Arqueología moderna y otros tiempos

Tres selknam (*Figura 1*), una pareja y su hijo o hija, aparecen en una foto tomada por el sacerdote Martín Gusinde en Tierra del Fuego en 1919. La foto sería una representación más de las miles hechas de los indígenas americanos si no fuese porque una sombra la hace excepcional: sobre los selknam vemos —o adivinamos— a Gusinde en su función de representar, inclinado sobre el trípode que sostiene su cámara. Los selknam llamaron a Gusinde *mankasen*, cazador de sombras. Se equivocaron. Gusinde no cazaba sombras; la sombra de Gusinde era el cazador. Su foto contiene a los selknam, los invade, dice lo que no pueden decir. Su sombra es el saber moderno, apropiando los sujetos que posee y enuncia: representa sin dejarse ver, acaso solo insinuándose (o dejando la tarjeta de visita, el texto).

Figura 1 - Indígenas selknam fotografiados por Martín Gusinde.

Los antropólogos son la extensión de la sombra de Gusinde. Las representaciones antropológicas hablan por y hablan sobre unos sujetos situados en el lado oscuro de la modernidad, los otros no modernos, asumiendo que no pueden hablar por sí mismos y actuando desde una violencia epistémica que ha permitido que una visión del mundo (la de los antropólogos: occi-andro-céntrica) se imponga sobre las demás. La violencia epistémica de la antropología parte del hecho, que considera incontrovertible, de que la comprensión de la cultura solo puede ocurrir como totalidad significativa en sus predios conceptuales a través de la experiencia etnográfica. Pero la antropología, esa representadora genérica de los a-normales de la modernidad, no representa para ellos sino para un mundo que los requiere normalizados. Desde allí, desde la a-normalidad normalizada por las representaciones antropológicas, quiero hablar de arqueología y sus temporalidades. Para hacerlo pasaré por la casa de la identidad moderna y, más cerca de nuestro tiempo, por la casa de la(s) identidad(es) multicultural(es).

En el mundo de la representación

En su etnografía de las peleas de gallos en Bali Clifford Geertz (1973: 449) insistió que su tratamiento

> …como texto hizo evidente el "uso de emociones con propósitos cognitivos;" [pero] el lector realmente no sabe qué sabe el balinés, qué piensa que sabe o qué espera saber de la sociedad balinesa. Al final, la pelea de gallos balinesa es una obra de teatro geertziana, más geertziana que balinesa. Importa más en el mundo del etnógrafo que en el mundo que, supuestamente, describe [cuando no aspira a representar] (Trouillot 2011: 235).

Geertz representó la pelea de gallos balinesa *en* y *para* un Primer Mundo epistémico. Gusinde tampoco tomó su foto para los selknam sino para la modernidad. Gusinde y Geertz eran miembros de una minoría cognitiva cuya funcionalidad con la modernidad es insoslayable, tanto como la de la antropología latinoamericana con los Estados-nación que empezaron a surgir y consolidarse en el siglo XIX. Ese también fue el horizonte de intervención de la arqueología.

La temporalidad arqueológica no es un hallazgo de los arqueólogos, no es el punto de llegada de sus investigaciones. Es el escenario donde despliegan su ejercicio de representación, su punto de partida, aunque la pretendida autonomización técnica de sus fechas, secuencias y tipologías les permita creer que no representan a nada, a nadie. Establecer esa diferencia es crucial para entender el horizonte de intervención de la disciplina. ¿Por quién habla la arqueología? ¿Para quién? Por los mestizos, el grupo a quien representa en la escena histórica latinoamericana. ¿Sobre qué habla? Sobre una temporalidad nueva, creada, hecha: la de un celebrado pasado preeuropeo puesto en términos modernos, con estrategias referenciales modernas (objetivación, universalidad, temporalidad progresiva) y para servir necesidades modernas (la legitimización y densificación de una entidad nueva, el Estado-nación, para hacerla aparecer como continuidad atemporal). La nueva temporalidad, típicamente moderna y latinoamericana, desplazó (pero no acabó) otras temporalidades coexistentes: las de los nativos, los esclavos, los auto-designados blancos. Puesto que la arqueología es un aparato moderno de representación la temporalidad de la que habla se supone encontrada, no hecha, y lo que dice sobre ella se supone cierto, verdadero. El acto de la representación como *darstellung* está edificado sobre la diferencia entre la "realidad" y lo que se dice sobre ella. Una buena representación (verdadera) salva esa diferencia a través de la correspondencia. Pero además de *diferencia* también hay *presencia*, usualmente negada. Considerar la presencia en la representación reivindica la primacía de la experiencia y enfatiza su carácter procesual y productivo. Entonces ¿qué pasa si consideramos la representación como praxis, como sugirió Johannes Fabian (1990)? La praxis es hacer, acontecimiento. Es la posibilidad de que la presencia del *representado* sea sentida, vivida, aceptada, por fuera de la representación como epifenómeno —una representación que, en cualquier caso, ha sido predicada sobre su ausencia—. Como señaló Beverly la arena social ahora es vista "como un efecto del significante: el resultado de luchas por y sobre el poder de representación cultural más que la precondición ontológica de esas luchas" (2004: 37-39). La nueva —bueno, ya no tan nueva: tiene unas tres décadas— preocupación por la cultura y la representación se tradujo en las disciplinas sociales en un interés inusitado por las políticas de la identidad y en los movimientos sociales por la politización de la cultura y la culturización de la política.

Pensar la relación de la arqueología con la gente en términos de representación tiene dos caras: una permite a los arqueólogos expiar su culpa cargando al texto con la responsabilidad colonial, dejando intacta su relación asimétrica con otros sujetos; también les permite escamotear su compromiso con otros mundos, situados aquí y ahora, no en el pasado que tanto quieren. Los arqueólogos textualistas (esos sujetos empeñados en hacernos creer que la herencia colonial de la arqueología puede ser lavada en los textos) están felices incorporando las voces de los *otros* (sobre todo si van vestidas de mitos, el género auténtico por excelencia) pero solo para ampliar las interpretaciones expertas. La otra cara permite devolver la mirada, ver al sujeto que entiende, acaso por primera vez, que quien mira también es mirado. Al vernos viéndonos podemos preguntar quién es ese sujeto extraño que espía nuestra mirada, podemos preguntar por el orden de la representación: ¿quién representa?; ¿para qué?; ¿desde qué aparato institucional?; ¿desde qué tecnología? Puesta en estos términos la representación pierde inocencia, deja de ser ese acto aséptico y objetivo (que el positivismo enmarcó y vendió como el producto más acabado del conocimiento moderno) para aparecer en su intencionalidad plena. Puesta en estos términos habla de política.

El análisis político de la representación pone en escena la fricción que produce el acontecimiento que no se deja (no se puede) atrapar por la lógica. Muestra que la operación del *logos* (y allí el lugar del aparato educativo, cómo no) cierra el mundo de ese sentido, lo reduce, lo vuelve manejable, lo atrapa. Señala que las ontologías no se pueden *decir*, que nada puede estar en su lugar. Indica que la vida en relación, su potencia, su capacidad creativa, su anacronismo (donde reside, en buena medida, su resistencia), no espera (no necesita) a los intelectuales. Esa fricción pareciera ser/estar, entonces, contra toda forma de representación. ¿Lo es/lo está? Dos sujetos extremos pueden servir para examinar el asunto: Clifford Geertz, de nuevo, e Isaac Babel. Geertz bien puede haber sido el representador más canónico de la antropología contemporánea. Su obra es un largo relato sobre el antropólogo que ubica, entiende y traduce la manera como el *otro* representa su mundo. Geertz afinó su puntería etnográfica para *entender*. No se preocupó por mostrar que su interpretación no era el entendimiento del *otro*. Tampoco le interesó develar en qué horizonte praxeológico desplegó su entendimiento. La representación de Geertz importa en su mundo, no en el mundo que interpreta. El escritor ruso Isaac Babel está en el otro lado del espectro: ante la exigencia de que escribiera como mandaba el canon del realismo socialista se negó a escribir.[8] Geertz es la abundancia de la representación; Babel, su carencia.

Dos culturas

Los extremos de Geertz y Babel me hacen creer que la idea venerable de Charles Percy Snow (1959) sobre dos culturas (la de los científicos y la de los humanistas) bien puede usarse para hablar de otras dos: la de los intelectuales y la de los *otros*, los no modernos de la modernidad. Los intelectuales escriben sobre los *otros* y sus movimientos organizados, representándolos: documentan lo que hacen (a veces acompañándolos) y escriben/textualizan para contarlo. Los

---

8 Babel es una tragedia ejemplar. Acosado por la tortura *confesó* que "mi impotencia creativa, que me ha impedido publicar algún trabajo significativo en los últimos años, fue un sabotaje deliberado y una negativa a escribir". Fue juzgado por conspiración y fusilado en 1940.

movimientos organizados de los *otros* viven en relación (allí radica el sentido de su comunidad) y, crecientemente, cuentan su vida con sus propios medios y por sus propios representadores: la necesidad de contar es imperiosa como vida pero es un acto que se debe al deseo colectivo que, frecuentemente, prescinde de la escritura y vuelve invisible el nombre específico tras el rostro anónimo de la multitud. Aunque las dos culturas pueden encontrarse en un campo intersubjetivo es frecuente que se ignoren y se parasiten. Todo esto pareciera poner en cuestión la representación como medio de visibilidad del individuo (sobre todo la escritura), la herramienta básica del intelectual, y elevar el texto al anonimato de todos. Por eso la representación es un lugar privilegiado para indagar, indiscretamente, en qué anda la arqueología y su temporalidad moderna. Michel-Rolph Trouillot señaló que es probable

> [...] que el peso del pasado se aligere cuando las condiciones sociohistóricas existentes en el momento de su aparición [de la antropología] hayan cambiado tanto que los practicantes tienen que escoger entre un olvido completo y un redireccionamiento fundamental (2011: 45).

Difícilmente puede encontrarse un mejor retrato de la situación actual de la arqueología. Su funcionalidad de larga data con los Estados-nación se ha marchitado junto con la eclosión del multiculturalismo; "las condiciones sociohistóricas existentes en el momento de su aparición" han desaparecido o cambiado brutalmente. ¿A quién representa ahora la arqueología, cuando la modernidad se ha reedificado desde la organización multicultural y el Estado-nación es apenas nostalgia deseada? No lo sabe, aunque sospecho que intuye que se representa a sí misma —quizás allí encuentre la legitimidad de su encierro en un mundo meta-real, propio y sellado que se alimenta de congresos y publicaciones para arqueólogos y solo para arqueólogos—. Pero las nuevas condiciones sociohistóricas la han forzado a cambiar, tanto que ahora debemos llamarla *arqueología multicultural*.

La arqueología multicultural es el disfraz de una vieja práctica que ha decidido seguir haciendo lo mismo que ha hecho por siglos, cambiando todo para continuar igual. La arqueología multicultural ni siquiera notó los nuevos posicionamientos producidos en las disciplinas sociales por la impugnación anticolonial hace cuarenta años pero ahora siente los pasos de animal grande de los movimientos sociales (sobre todo indígenas) que retan a los arqueólogos, los impugnan, señalan su cara oscura. Ante ese reto los arqueólogos callan —y siguen haciendo lo que siempre hicieron: huir del contexto— o hablan el lenguaje multicultural. Hablan de diálogo, de consenso, de negociación. Hablan un lenguaje vacío, lleno de nada.

Por si fuera poco, varios movimientos sociales, sobre todo organizaciones indígenas, exponen su mecanismo y retan su monopolio. Los discursos arqueológicos relacionados con la creación y el funcionamiento de las sociedades nacionales —un *ethos* moderno inseparable de la constitución de un orden mundial en el cual el nacionalismo y el colonialismo se coprodujeron en la senda evolucionista— pierden sentido ante la consolidación del multiculturalismo, un nuevo tipo de organización social que reorganizó los cimientos de la modernidad. Tampoco pueden sostenerse airosos ante el embate de potentes voces disidentes que enfrentan su representación y cuestionan sus formas de relacionamiento. Ante esta situación los arqueólogos tienen dos opciones: continuar haciendo lo que hacen, en cuyo caso la impugnación a su trabajo será creciente, o embarcar en otras prácticas que han creído en la genuina necesidad de reunir conocimiento y poder (separados desde el siglo XIX en la modernidad, salvo en el marxismo) y han vuelto conscientemente políticas sus intervenciones. No han enmarcado su militancia en términos multiculturales, de los que toman distancia, sino que se han abierto a diferentes voces y ontologías. También interpelan los límites disciplinarios y los impugnan: descreen de lo objetual (objetividad, objetivización: cómo se vuelve objeto sometido aquello que es vida, agencia, acontecimiento), de la preterización (el confinamiento en el pasado de las alternativas a la modernidad), de la violencia sobre otras temporalidades, de la reificación de su campo experto. No solo descreen de sus preceptos: también militan contra ellos. No conciben la historia como un proceso cronológico lineal y teleológico sino como una *heterogeneidad multitemporal* (García 1989), un lugar de entrada para hablar de historias locales y su relación en red con otras historias en vez de hablar de grandes narrativas. Este cambio de consideración lleva las diversidades culturales al campo de las diferencias coloniales: vuelve política la asepsia multicultural que quiere desracializar y vaciar de poder las relaciones coloniales a través del culturalismo.

Pregunto, entonces: ¿cómo representamos los arqueólogos hoy en día? Stephen Tyler (1986) argumentó que la etnografía no debe representar, que la ideología de la representación es una ideología del poder, que para romper su embrujo tendríamos que atacar la escritura, la representación totalista y la autoridad autorial. El asunto es provocador y no podría no estar de acuerdo: me seduce el panorama de una arqueología fragmentaria (que no aspira a la totalidad), que no se sumerge en el pasado para encontrar estructuras racionales profundas (siempre en lucha con el irracional animal humano) sino que habita en la superficie del mundo para dar cuenta de su estado precario; que no se preocupa por la forma porque sabe que puede tomar cualquiera y que la escogida siempre será irrealizada. Pero Tyler sugiere *no* representar y allí las aguas cenagosas nos llegan al cuello. El reto indígena al monopolio (narrativo y de objetos) de la disciplina desnuda lo que el discurso de los arqueólogos no quiere decir: mide su silencio. El mutismo de los arqueólogos ante las transformaciones de la sociedad (su juego evasor con los tiestos) no es su fortaleza disciplinaria sino su debilidad. Callar elude las presiones del contexto, esconde la cabeza en la arena. Ni el reto indígena ni el menoscabo disciplinario deberían conducir al triste espectáculo de una arqueología que no representa (o que pretende no representar), que se hace a un lado escamoteando su responsabilidad, ya sea como oportunismo o como aislamiento. Ya lo dijo Spivak (2003: 338): la transparencia es el disfraz del nuevo colonizador.

La oportunidad es otra: representar de otra manera, exponiendo la naturaleza filosófica del animal disciplinario ante la mirada (indiscreta, acaso) de los demás. Encontrar a los no modernos no es apropiar su representación, como hizo por tantas décadas la arqueología, sino acompañarla. Representar de otra manera supone, más que cualquier cosa, relacionar(se) de otra manera.

Este examen no agota el asunto, sin embargo. En vez del silencio (no ya de la asepsia científica sino del cinismo multicultural), asimilador y paternalista, la arqueología puede hablar de otra manera, así como los no modernos empiezan a hablar desde plataformas de enunciación inéditas. Pongamos la casa en orden, entonces: ni caridad intelectual ni arrogación abusiva. Esta limpieza doméstica posiciona la arqueología en la era multicultural por fuera del multiculturalismo, por fuera de los deseos institucionales —que solo parecieran necesitarla para contar una temporalidad ya anacrónica, la del colectivo moderno/nacional—. La posiciona de tal manera que abre su espectro de intervención y rompe los consensos disciplinarios, ya no tensados alrededor de posturas teóricas diseñadas para tratar con cosas sino destrozados por posturas frente a la gente. Por eso ya no podemos seguir hablando de arqueología; es más prudente (y necesario) usar el plural e indagar por las diferencias.

Arqueologías y otros tiempos

Las arqueologías contemporáneas se hacen en un escenario tenso y conflictivo, el multicultural, donde la identidad viste variados trajes políticos. La arqueología sabe que las disciplinas sociales crearon las políticas de identidad que necesitó el proyecto moderno. Sabe que crearon dos entidades opuestas, mostrando los dientes en una lucha desigual: sociedad nacional y alteridad (étnica o de otra clase). La creación del *yo* moderno, que se hizo habitar en el jardín nacional, y del *otro* no moderno, que se situó fuera, estuvo enmarcada en una filosofía esencialista que constituyó el sentido de las identidades al margen de tiempo y lugar. Las disciplinas sociales fueron grandes productoras esencialistas. También la arqueología: su temporalidad reificó y fetichizó culturas, lugares, objetos.

Hace unas pocas décadas, sin embargo, el esencialismo de las disciplinas sociales mudó: empezaron a hablar de des-localización, lugares-tiempos nómadas, culturas móviles y permeables; empezaron a hablar desde una filosofía constructivista. La cultura, antes su patrimonio incontestado (sobre todo de la antropología y, adjetivada como *material*, de la arqueología), pasó a ser elemento central de las movilizaciones de los *otros*. Asustadas, las disciplinas sociales decidieron actuar: ante los esencialismos movilizados en la base, capaces de desestabilizar un sistema al cual esas disciplinas pertenecen y al cual deben su vida, vistieron un traje constructivista. Ahora cultura e identidad fueron móviles, coyunturales, estratégicas.

El constructivismo no tuvo que hacer su casa a finales del siglo XX: llegó a una casa ya hecha, ya habitada. La casa había sido levantada por el humanismo desde el siglo XVI y ya había acogido otros huéspedes. Ahora el turno fue para las disciplinas sociales refuncionalizadas por el discurso multicultural, vueltas sobre sus pasos (de los cuales renegaron) ante sindicaciones de complicidad con el colonialismo. La cohabitación produjo una mezcla potente, el humanismo constructivista, vendido como el producto más nuevo y más realista de la izquierda, esa que quiso recuperar el horizonte histórico de la modernidad destrozado por la burguesía decimonónica. Contra ese humanismo se levantó Michel Foucault. En 1966, poco después de la publicación de *Las palabras y las cosas*, concedió una entrevista en la que dijo:

> Mi trabajo consiste en liberarnos, definitivamente, del humanismo y en este sentido mi empeño es un trabajo político en la medida en que todos los regímenes del Este y del Oeste hacen contrabando con sus malas mercancías bajo la bandera del humanismo... Lo que me irrita del humanismo es

que es, además, el parapeto tras el que se refugia el pensamiento más reaccionario, el espacio en el que se asientan alianzas monstruosas e impensables (Foucault 1991a: 35-36).

Esta declaración parece sorprendente: ¿quién osaría levantar un proyecto político contra un producto promocionado como el único decente (¡Y original!) de la modernidad: libertario, creativo, democrático? ¿Acaso Foucault se refería al humanismo marxista, que buscaba acabar con la sociedad de clases y, por lo tanto, declaró coyuntural la dictadura del proletariado? (Marx y Engels 1973: 130) ¿Acaso al humanismo desactivante de Sartre, quien llamó "tiempo débil de una progresión dialéctica" (1985: 99) al movimiento de negritudes? En la segunda mitad del siglo XX, ante el avance de los nacionalismos radicales en África, el humanismo fue el arma básica de los apólogos europeos del ecumenismo trascendente; sin embargo, ese ecumenismo debía responder preguntas elementales que no respondió: ¿desde dónde era enunciado?, ¿por quién?; ¿por un altruismo que buscaba eludir los avatares del orden multinacional? El ecumenismo se levantó sobre principios modernos que sacrificaron las diferencias en el altar del consenso (o, lo que fue más frecuente, en la sangría de la imposición ideológica). A ese humanismo ecumémico se refería Foucault. Apenas tomaba forma su versión contemporánea, la versión multicultural que hace suya una agenda constructivista, tan desactivante de los empoderamientos radicales como la de Sartre pero más explícita en la condena de los esencialismos, a los que estigmatiza como los nuevos demonios de los proyectos de identidades culturales. En el epílogo de la reedición de *Orientalismo*, escrito en 1995, Edward Said (2004: 456-460) dibujó sus perfiles más precisos:

> [...] cualquier tentativa de encasillar en castas y/o en esencias separadas y diferentes está expuesta a equívocos y falsedades consiguientes... Mi objetivo no era tanto disipar la propia diferencia (ya que no se puede negar el papel de los nacionalismos ni las diferencias culturales en las

relaciones entre seres humanos) sino poner en tela de juicio la noción de que toda diferencia implica hostilidad, un conjunto objetivado y congelado de esencias opuestas y un completo conocimiento antagónico basado en ello [...] la identidad humana no sólo no es natural y estable sino que es creada e, incluso, en ocasiones creada completamente. Parte de la resistencia y la hostilidad hacia libros como Orientalismo se debe a que parecen socavar la ingenua creencia en cierta positividad y en la historicidad inmutable de una cultura, un yo, una identidad nacional.

El humanismo constructivista que muestra la cultura (y su construcción de tejido social a través de la identidad) y la identidad (y su construcción de sentidos sociales a través de la cultura) como situacionales, fluidas, coyunturales y estratégicas se ha edificado sobre una postura militante contra los esencialismos, *sobre todo* étnicos.[9] El constructivismo no considera la diversidad como una naturaleza sino como un producto histórico atravesado por relaciones de poder. La diferencia ocurre entre grupos sociales y debe ser entendida en términos de su historicidad. Ante el poder esencialista, sobre todo de las movilizaciones étnicas, el humanismo adopta una agenda constructivista que busca *desencializar* cultura e identidad. Para ese humanismo constructivista los esencialismos son innecesarios, estridentes y, fundamentalmente, peligrosos porque enfrentan formaciones sociales (muchas veces de manera violenta, como en las guerras internacionales en los Balcanes y África) que, de otra manera, podrían estar sentadas en la mesa de la civilización negociando sus diferencias fraternalmente. En este asunto hay en juego mucho más que una simple reorientación filosófica,

---

9 Escribo *sobre todo* para resaltar que, no por azar, los esencialismos étnicos son el blanco central de los ataques humanistas / constructivas. No en vano las identidades étnicas vivieron, siempre, en el lado oscuro de la modernidad. Que ahora salgan a la luz —y que lo hagan por sus propios medios— no puede menos que preocupar y enfurecer a los guardianes de Occidente.

un simple cambio de tercio en el escenario de la identidad y la cultura: mientras el humanismo constructivista se presenta como una evolución natural y real del pensamiento sobre la sociedad y la cultura (a la guisa de la naturalización de los argumentos de Comte sobre los sistemas de pensamiento) los esencialismos, que luchan por encontrar su camino profundizando sus trincheras radicales, son presentados como irreales y retardatarios.

El humanismo constructivista confunde política con ontología: pretende que los resultados de la promoción y protección de la alteridad por las políticas multiculturales son expresiones ciertas de su naturaleza violenta y no consecuencia de sus movilizaciones intencionadas —que fragmentan las alteridades, evitan su potencia en red y enfrentan las diferencias así fragmentadas—. La confusión puede no ser deliberada (aunque dudo que no lo sea) pero está alimentada por un prejuicio ideológico: ver la coexistencia de alteridades como socavamiento del orden moderno. Por lo tanto, su desactivación, vestida de ecumenismo trascendente, es tarea prioritaria de saberes que se reconocen como guardianes de un reino solo posible en la memoria y solo redimible en la nostalgia.

El tema no es menor. Las críticas antiesencialistas cuestionan hechos "reales" e intereses colectivos que van más allá de las preocupaciones de unos cuantos académicos. Además, no deberíamos olvidar que siempre han sido las identidades y las culturas de los *otros* las que son objeto de debate y cuestionamiento, no las propias; estas tienen, por razones de poder concedido, plena validez, independientemente de sus contenidos, y nadie se pregunta si existen ni reclama su existencia o pertinencia. Como la identidad cultural propia está garantizada y legitimada, nadie necesita ocuparse de su existencia. Las críticas antiesencialistas desconocen que el esencialismo es una estrategia básica de la resistencia constructiva de la alteridad y que su potencia no es solo instrumental sino que radica, quizás fundamentalmente, en su capacidad de construir tejido social, menospreciada por muchos académicos. Los nuevos esencialismos (o los viejos, pero movilizados en el marco de luchas contemporáneas) son plataformas para transformar la relaciones tradicionales de poder a través de la valorización de un *yo* levantado sobre lo que antes era un devaluado *otro*.

La marca fundamental del descontento de muchos intelectuales con la modernidad y su complicidad con el colonialismo fue su retorno a la fuente original: humanismo renacentista, razón histórica, capacidad emancipadora del saber. Las modernidades alternativas han sido edificadas sobre ese retorno. Pero esas alternativas siguen siendo modernas. Las arqueologías *de otra manera* huyen de la modernidad, haciéndose en relación con vidas edificadas —o que buscan edificarse— por fuera de las exigencias modernas. Por eso habría que entender la diferencia como la determinación y visibilización de la especificidad de los sujetos históricos, no como la enemiga de la modernidad, finalmente domesticada y organizada por el multiculturalismo. Eso no lo puede hacer la arqueología multicultural, tan empeñada en alimentar al *nativo histórico*[10] como en preservar sus privilegios. Ante esos empeños recolonizantes se abren las movilizaciones de los no modernos, muchas veces esencialistas. Ese esencialismo, no solamente estratégico, molesta a los arqueólogos multi-culturales, prestos en desactivarlo y deslegitimarlo. La arqueología multicultural condena el esencialismo de muchas historias por "irreal" (o, por lo menos, por falto de realismo), haciendo caso omiso del hecho de que buena parte de las representaciones históricas no académicas es abiertamente esencialista. Además, incurre en una paradoja brutal: sigue hablando de culturas arqueológicas cerradas y contenidas y sigue territorializando a los no modernos, fijándolos a un territorio ancestral, a unas prácticas, a unas tecnologías, a

---

10 Llamo *nativo histórico* a un sujeto que la arqueología multicultural considera guardián altamente calificado de la historia por auténtico y continuo y a quien carga con el peso de la culpa moderna porque ve en él, que cree (y quiere) unido orgánicamente con su pasado (un pasado auténtico), al actor capaz de recuperar y potenciar el sentido de unidad y de armonía con la historia, redimiendo las depredaciones temporales de la postmodernidad.

pesar de que adhiere a una plataforma constructivista que desdeña los esencialismos locales.

Las arqueologías contemporáneas juegan su suerte en un escenario que enfrenta esencias y construcciones. Esa suerte quizás encuentre en la mirada etnográfica una fuente pródiga de relación reflexiva entre observador y observado. La arqueología desdeñó la etnografía (esa cosa que hacen los antropólogos, incómodos compañeros de cama a quienes no se habla, con quienes no se comparte) solo para descubrir ahora, en ella, la posibilidad de conectar pasado con futuro —de disolver el pasado como lugar político de desconexión de la vida de los *otros*, de su preterización—. Ahora ha encontrado que en su relación con los no modernos puede participar de una alternativa relacional, en un sentido doble: (a) como interacción de vidas y seres; y (b) como entendimiento intersubjetivo. Las arqueologías en relación son etnográficas en una gran medida porque su núcleo está constituido por relaciones y significados entre individuos, no entre cosas. Allí hay una fuente generosa de oportunidades que la arqueología apenas empieza a considerar. El espacio intersubjetivo del encuentro etnográfico promueve y exige el cuestionamiento del objetivismo. La experiencia intersubjetiva muestra que el conocimiento no tiene objetos sino que los hace —o deshace, dudando de la mirada logocéntrica—.

Usualmente los miradores teóricos que los arqueólogos construyen para tener una mejor vista de su trabajo (y, muchas veces también, para eludir su responsabilidad) están alejados de la práctica, como si la reflexión sobre preocupaciones generales ya ocurridas los protegiera de los procesos a los cuales contribuyeron, intencionadamente o no. Las genealogías de trayectorias arqueológicas particulares construidas alrededor de su relación con el nacionalismo han probado su utilidad para descubrir la naturaleza social/contextual de la disciplina. Sin embargo, carecen del ingrediente esencial de las etnografías: el presente etnográfico en el cual todos estamos atrapados y que nos obliga a confrontar nuestro trabajo en tiempo real más que como consecuencia del legado inevitable de ancestros lejanos. Más que cualquier cosa, las etnografías arqueológicas son espejos donde podemos contemplar nuestro rostro, algunas veces distorsionado.

Gracias

La foto de Gusinde fue publicada en *Fueguinos. Fotografías siglo XIX y XX. Imágenes e imaginarios del fin del mundo*, editado por Margarita Alvarado, Carolina Odone, Felipe Matura y Danae Fiore (Pehuén, Santiago, 2007). Agradezco a los editores la autorización para reproducirla.

Un enredo extraordinario: arqueología, ética, praxis, multiculturalismo

Desde su adopción generalizada hace unas dos décadas los principios o códigos éticos en arqueología han sido sometidos a una crítica sostenida. El argumento principal es que han sido naturalizados. El *bien* moral, siempre histórico, ha sido reificado, ignorando (o, tal vez, sabiéndolo muy bien) que lo que es bueno para una sociedad específica depende del contexto y es, por lo tanto, necesariamente histórico. Para muchos arqueólogos los principios éticos han congelado la reflexividad y la voluntad de cambio (si es que alguna vez existieron). La preocupación expresada por algunos (Tarlow 2001; Meskell y Pels 2005; Hamilakis 2007) acerca de la reificación de la ética (con la consiguiente eliminación de cualquier rastro de historicidad y acontecimiento) se ha convertido en una certeza.

La historia se necesita para ir más allá de la ética como un conjunto de principios reificados. El primer paso es tratar de evaluar la *ética* en la arqueología a través de la *praxis* en el entendido de que las dos no pueden (no deben) ser separadas, nunca. La ética no es un término absoluto. Si se la considera como un conjunto de principios de buena conducta o como una teoría o sistema de valores morales implica una condición histórica porque condensa el pensamiento moral de una sociedad en momentos y lugares específicos, pero no en otros. La ética está inevitablemente anidada en relaciones históricas. Sin embargo, es frecuentemente reificada, como si se tratara de un universal antropológico. Restaurar la historicidad y la pluralidad de la ética arqueológica es una tarea fundamental. El énfasis en la praxis repara la condición histórica de la ética; al hacerlo muestra que hoy en día una ética multicultural ocupa un lugar preponderante en la disciplina. Ser y comportarse éticamente en términos arqueológicos en el contexto multicultural ha adquirido carácter obligatorio, tanto que la mayoría de las asociaciones arqueológicas profesionales tiene principios éticos como fuerzas rectoras detrás de su apertura hacia sectores sociales tradicionalmente ignorados o marginados por sus prácticas.

Las preocupaciones éticas en arqueología eran raras hace unas décadas pero se volvieron frecuentes en los últimos veinte años. El surgimiento de la ética en la disciplina —una preocupación común que se volvió proscripción y prescripción profesional— puede haber ocurrido hace unos cuarenta años pero su popularidad (que es, al mismo tiempo, un síntoma) maduró junto con la transformación de las sociedades nacionales en sociedades multiculturales. La relación enredada entre la arqueología y el curso reciente de la modernidad ha creado nuevas condiciones para la disciplina que, en su momento, activó mecanismos de adaptación. Entre ellos se destacan los principios éticos. ¿Qué exigió su aparición? Los principios éticos son respuestas disciplinarias a los cambios globales asociados con el multiculturalismo. Sin embargo, para evitar el contextualismo —que implica la división moderna entre hechos, poder y discurso— es necesario describir los vínculos que permiten a la política y la sociedad influir en el conocimiento y las ideas, y viceversa. Al hacerlo el primer asunto visible es el provincianismo de la ética arqueológica y, al mismo tiempo, su violento universalismo.

Muchos arqueólogos sostienen que dos décadas de debates (y principios) éticos han hecho bien a disciplina al volverla más sensible a los problemas contemporáneos, más consciente de sus acciones y más responsable frente a las exigencias de públicos diferentes, muchos de ellos interesados en las mismas "cosas" que interesan a los arqueólogos. Sin embargo, es imposible negar que la ética arqueológica se relaciona con el mundo desde los límites disciplinarios y desde la ontología de la modernidad. Este asunto no equivale a un retraso putativo de la ética con respecto a la teoría y a la práctica, como si lo que se estableció en los principios hubiese sido violado sumariamente en la acción. El asunto es cómo una ética global (que llamo *ética multicultural*) da forma a lo que los arqueólogos hacen; y lo que hacen es lo que una evaluación de su praxis nos dice que hacen.

La ética en arqueología ¿ha cambiado la disciplina o la ha endurecido? ¿Ha trabajado por la justicia social, un horizonte retórico a donde la disciplina podría haber ido desde que tomó conciencia de sus orígenes y sus efectos modernos/ coloniales? Más aún, ¿puede la arqueología tener principios éticos comprometidos con la justicia social si, al mismo tiempo, fortalece su relación con el mercado y el desarrollo? ¿Esta coincidencia es meramente azarosa o, más bien, obedece reglas de carácter más estructural? Es importante responder estas preguntas mediante el examen de los contextos, basados en la praxis, en los que se desenvuelve la ética arqueológica. Es importante traer a escena los principales elementos y cambios que han dado forma a esa ética contemporánea: la retórica multicultural global y sus adopciones locales; los públicos diversos (incluyendo, de manera amplia, a las organizaciones de base que retan a la arqueología académica convencional); y las intervenciones generalizadas del desarrollo.

En cualquier caso, la ética arqueológica ha tenido un efecto duradero: la creación y/o delimitación de valores arqueológicos que antes eran vagos e indefinidos —y algunos de los cuales ni siquiera existían—. La interpretación sana (y justa) del pasado, las buenas prácticas disciplinarias (publicación rápida, disposición adecuada de los hallazgos), la protección de (y la responsabilidad ante) el registro arqueológico y la responsabilidad social se han convertido en valores que los arqueólogos deben cumplir y que están agrupados en dos conjuntos (rara vez interrelacionados): (a) valores disciplinarios, que los arqueólogos acatan voluntariamente (no es de extrañar, ya que fortalecen y protegen la profesión); y (b) valores contextuales, que aceptan a regañadientes, ya que tienen el potencial de alterar la disciplina (como ha sucedido en algunos casos con la repatriación, un resultado no deseado de la responsabilidad social de la disciplina y del activismo indígena). Por ejemplo, los principios del código de ética de la Society for American Archaeology (SAA 1996) prescriben la custodia (*stewardship*), la rendición de cuentas o responsabilidad (*accountability*), la comercialización, la educación y la divulgación de resultados, la propiedad intelectual, la información pública, los registros y la conservación, y el entrenamiento y los recursos. A excepción de la responsabilidad social, que estipula la necesidad de consultar con los grupos afectados por las acciones de los arqueólogos para "establecer una relación de trabajo que pueda ser benéfica para todas las partes involucradas", los demás valores son disciplinarios, basados en la existencia reificada e incuestionada del registro arqueológico —tal vez el principal protagonista de todos los principios éticos, como señaló Hamilakis (2007: 23)— y en la *naturaleza* Ilustrada, humanista y universal de la labor arqueológica. Los dos grupos de valores son modernos (pero también multiculturales) y revelan la ontología de la que participa la arqueología.

La ética es una fuerza liberadora: mientras los arqueólogos cumplan con sus preceptos básicos (principalmente disciplinarios) son libres (política y psicológicamente) para continuar con su comercio habitual, que a menudo implica una gran dosis de aislamiento. La ética es una parte importante del giro postmoderno en arqueología: "modifica" su relación con el *otro* pero ayuda a mantener intacta su estructura moderno/colonial. Más aún, evita pensar y actuar reflexivamente y dificulta las transformaciones reales. Obstaculiza, especialmente, una relación verdaderamente diferente con la alteridad. Como Michel-Rolph Trouillot (2011: 76-77) señaló sobre eventos similares en antropología:

> Esta negativa recurrente a profundizar el ejercicio arqueológico oscurece la posición asimétrica del salvaje-otro en el campo temático en el cual se basa la antropología; niega la especificidad de la otredad, subsumiendo al Otro en la mismidad del texto, percibido como una cooperación liberadora

En este caso el *otro* se encuentra subsumido en la mismidad del código ético, presentado como cooperación liberadora. Dos artículos de Joe Watkins son emblemáticos en este sentido. Hace poco más de diez años escribió un artículo (Watkins 2003) en el que reflexionó sobre los efectos, que consideró básicamente positivos, que los principios éticos podían tener sobre la relación entre los arqueólogos y los pueblos indígenas. Su tono era optimista —a pesar de algunas dudas con respecto a la polarización y la ampliación de brechas en algunas áreas—. Watkins (2003: 132), incluso, etiquetó algunos códigos de ética como "loables", específicamente el Código de Ética de la SAA y el Acuerdo Vermillion. En una década su optimismo se desvaneció:

> Aquí es donde la arqueología norteamericana se queda corta. La praxis —poner a trabajar los conocimientos teóricos— debe ser parte del ciclo activo en el desarrollo de la ética en la arqueología norteamericana, pero no ha sido así. Quizás no haya habido un movimiento para excluir a las poblaciones indígenas o "minoritarias" de una participación activa con la arqueología pero tampoco han sido bienvenidas, con excepción de casos individuales recientes... la capacidad de cambiar las estructuras éticas de los practicantes norteamericanos parece poco probable (Watkins 2015: 23-24).

¿Qué eventos ocurrieron entre los años de publicación de los dos artículos como para que Watkins pasara del optimismo al pesimismo? Incluso una mirada rápida mostraría la reificación y el endurecimiento disciplinario como los dos principales acontecimientos, uno actuando sobre la ética y el otro como su consecuencia más profunda. Entonces llegamos a las estructuras de poder existentes, a privilegios que sus poseedores no están dispuestos a abandonar:

> En los Principios se considera que los "públicos interesados" tienen, relativamente, un mismo interés en el registro arqueológico pero, en realidad, ese interés no se equipara con el poder, el control o la

propiedad. Es muy poco probable que los miembros de la Society for American Archaeology que ahora son privilegiados en el proceso entreguen, libremente, el control a las comunidades no académicas, independientemente de las intenciones de esas comunidades (Watkins 2015: 24-25).

El pesimismo de Watkins pone de relieve que en ausencia de un debate a fondo sobre el poder, el capitalismo, el multiculturalismo y las desigualdades, es decir, sobre las condiciones contextuales (incluyendo las condiciones que permiten la separación de la disciplina y el contexto) la ética es un sinsentido monumental si la justicia social está en juego.

Multiculturalismo, arqueología y ética

Los discursos arqueológicos relacionados con la creación y el funcionamiento de las sociedades nacionales han perdido impulso e importancia debido a la aparición del multiculturalismo, que socava los principios fundamentales de las sociedades modernas, especialmente la construcción de colectividades unificadas (sociedades nacionales) con respecto a cultura, idioma e historia. En las últimas dos o tres décadas el multiculturalismo ha puesto en marcha cambios profundos, especialmente en cuanto a la organización de la sociedad, que ahora se basa en la coexistencia de grupos diversos —cobijados, convencionalmente, con el término *diversidad cultural*—. La idea multicultural de la diversidad oculta diferencias y desigualdades mediante la eliminación de las especificidades históricas, los procesos de alterización, las asimetrías y las relaciones de poder. En línea con el multiculturalismo (con su promoción de la diversidad junto a su condena de la diferencia; con su promoción de la corrección política) y en línea con lo que Moshenska llamó "auto-congratulación neoliberal" (2008: 160) las preocupaciones éticas florecen en la disciplina. Una nueva y potente ética multicultural emana de los centros metropolitanos y es adoptada en otras partes. Aunque esa adopción es selectiva para adaptarse a las necesidades locales un canon ético global ha estado en vigor durante un buen número de años. En este sentido dos asuntos no han recibido la debida atención: (a) cómo ha sido respondido el canon a nivel local; y (b) cómo se articula con la lógica cultural del capitalismo tardío, con el desarrollo y con el mercado. Una respuesta a la primera pregunta debe tener en cuenta el hecho de que la disciplina (junto con sus principios éticos) ha sido adoptada ampliamente (incluso por sus antiguos contradictores) pero también ha sido impugnada por organizaciones de base, movimientos sociales y militantes académicos. Una respuesta a la segunda pregunta debe dar cuenta de una coincidencia temporal: al mismo tiempo que se promulgaban los códigos éticos en arqueología la disciplina afinó su maquinaria filosófica para dar cabida a los cambios multiculturales (arqueología multicultural) y a las crecientes necesidades de las expansiones capitalistas (arqueología de contrato) —que generalmente ocurren en las fronteras donde los *otros* étnicos aún viven—. La respuesta a ambas preguntas tiene que registrar que la ética multicultural no desestabiliza sino que fortalece los principios arqueológicos al proporcionar los medios morales por los cuales pueden acomodarse a las transformaciones contextuales mientras permanecen básicamente inalterados. En esta acomodación sobresale la relación con la alteridad. Las preocupaciones contextuales de la ética arqueológica apuntan a incluir a los *otros* para que compartan los beneficios de la disciplina mientras se esfuerzan por desterrar dicotomías de confrontación —como pueblos indígenas versus arqueólogos—. A pesar de las buenas intenciones la eliminación de esas dicotomías sirve, fundamentalmente, para unificar y consolidar a la arqueología, haciéndola más democrática. Aceptar la arqueología como es, sobre todo a través de su promoción de una ética multicultural, equivale a velar opiniones divergentes sobre la historia, el tiempo, el pasado, los ancestros, el conocimiento. En un estado de ánimo conspirador podría decir que velar las diferencias y hacer invisibles las discrepancias han sido objetivos ya cumplidos por los principios éticos; pero dado que tantas buenas intenciones están en juego podría decir que fueron consecuencias no intencionadas que, a la larga, solo sirvieron preocupaciones disciplinarias —y, por lo tanto, la ontología moderna—. De hecho, la ética arqueológica es moderna y la promesa de inclusión que ofrece también es moderna. El problema es que tal inclusión es violenta y logocéntrica; aún más, coexiste con el desarrollo y el mercado en la más absoluta complicidad.

Cualquier reflexión histórica sobre ética en arqueología pasa por su relación con el capitalismo y la política. El capitalismo y el pasado han tenido una relación cercana e íntima por varios siglos (especialmente porque el segundo proporcionó los medios para legitimar y naturalizar al primero a través del establecimiento de un origen, una dirección y un destino). Las últimas décadas, sin embargo, han presenciado un cambio significativo: la mercantilización del pasado, manifiesta en la manera como circula bajo la forma mercancía en la arqueología de contrato y en la forma como es consumido por públicos ávidos de un contacto con el tiempo acontecido —desde la experiencia corporal directa de los parques históricos temáticos hasta la nostalgia promovida por la publicidad—. Considérese, por ejemplo, la llamada "puesta en valor" que promulga la ola mundial de patrimonialización. Aunque se supone parte de la responsabilidad ética ante el registro arqueológico en realidad busca embellecer las huellas del pasado, facilitar su acceso y ponerlas a circular en el mercado —como *loci* emblemáticos de la relación de los sujetos (usualmente turistas) con un tiempo desaparecido y exotizado—. También ha ocurrido la mercantilización del arqueólogo en los contextos de contrato; como señalaron Marx y Engels "Estos obreros... son una mercancía como cualquier otro artículo de comercio, sujeta, por tanto, a todas las vicisitudes de la competencia, a todas las fluctuaciones del mercado" (1973: 117).

El multiculturalismo que ha abrazado la disciplina no choca con el mercado sino que lo alimenta de varias maneras: transformando los planes de estudio para producir arqueólogos técnicos ansiosos por trabajar en proyectos de contrato; haciendo equipo con el negocio del patrimonio, ya sea como proveedor de mercancías culturales (sitios, contextos, exposiciones) o legitimando los discursos históricos controlados por el mercado; y ayudando a naturalizar las categorías capitalistas, como el desarrollo. El surgimiento de las preocupaciones éticas en este escenario no es un hecho fortuito: mientras que los primeros debates éticos en arqueología datan de la década de 1960 la mayoría data de la década de 1980 (incluyendo los principios adoptados por las organizaciones profesionales más representativas), cuando la retórica multicultural ya había transformado constituciones y sistemas legales en todo el mundo.

También está la política. Los principios éticos se han convertido en la forma como la disciplina se articula con cambios más amplios, no disciplinarios (especialmente el multiculturalismo), mediante la adopción de políticas corporativas —como la responsabilidad social— mientras evita la política. Las políticas multiculturales adoptadas por la arqueología han descubierto la receta perfecta (*añadir comunidades locales y revolver*) para seguir haciendo lo que ha hecho desde hace décadas (investigación académica esotérica, por lo general sin relación alguna con las necesidades sociales en el presente) pero pretendiendo que todo ha cambiado[11] y que sus cambios la volvieron plural y abierta. Para decirlo de otra manera, la arqueología ha entrado en la política para permanecer estrictamente fuera de ella; su giro público satisface su necesidad de ser política sin cuestionar su integridad disciplinaria. Pero la política es realmente necesaria si queremos transformaciones y articulaciones con la justicia social y con cosmovisiones sociales/históricas alternativas. En la introducción del libro que editó con Philip Duke Yannis Hamilakis (2007: 15) señaló:

> Lo que hace este libro diferente es su objetivo y su ambición de replantear la discusión sobre la ética en arqueología desplazando el debate al campo

---

11 Una conocida cita de *El gatopardo* (Il gattopardo), la novela de Tomassi di Lampedusa, retrata este proceso: "Si vogliamo che tutto rimanga com'è, bisogna che tutto cambi" ("Si queremos que todo siga igual, todo debe cambiar").

de la política, mostrando que los dominios éticos y sociopolíticos no deben ser tratados como algo separado, como suele ser el caso, y proponiendo que problemas tales como la tensión entre la ética universal y la ética contextualmente específica sólo pueden tratados a través de la praxis política.

Pero después de evaluar lo que ha sucedido en las últimas dos décadas Hamilakis quedó decepcionado al encontrar la "burocratización e instrumentalización de la ética"; además, señaló que "estas transformaciones han dado lugar a la despolitización del debate ético en arqueología" (2007: 20). Esta situación no ha cambiado últimamente; más bien se ha endurecido: en lugar de abordar cuestiones urgentes, como la justicia social, las preocupaciones éticas en arqueología se han encerrado en una agenda disciplinaria. Una ausencia notoria en este profundo desprecio por cuestiones más amplias (contextuales, digamos) es la relación de la arqueología moderna como disciplina con otras visiones del mundo; esto es sorprendente porque los arqueólogos son plenamente conscientes de la carga colonial de su disciplina. El resultado neto es que las hegemonías disfrazan su carácter violento al aparecer como realidades naturalizadas. Si Hamilakis tiene razón al señalar que "la ética se ha convertido en el señuelo que nos puede rescatar de la política" (2007: 23) y si la ética es el medio que la arqueología escogió para vacunarse contra la política entonces el precio que ha pagado es demasiado elevado porque ha evitado que se relacione más ampliamente con los temas globales que el movimiento anticolonial la obligó a abordar. En lugar de articularse de frente con la política la arqueología mediada por la ética se contenta con la despolitización de su práctica, especialmente porque los conflictos, potenciales y existentes, con los actores locales (indígenas y de otro tipo) son atenuados de forma rutinaria por las concesiones multiculturales (como la consulta y la participación controlada). Pero, como Pels señaló, "La ética, con su imposible presunción de imparcialidad, sólo *enmascara* la política —la lucha entre intereses culturalmente específicos e históricamente incrustados" (1999: 103)—. Este enmascaramiento de la política, esta despolitización explícita de la ética, es "construido en torno a la oscilación discursiva entre la negación absoluta de la política que está implícita en las normas éticas y la afirmación absoluta de la política que implica el uso necesariamente parcial de estas normas éticas" (Pels 1999: 103).

La ética y el futuro de la arqueología

La moralidad es constitutiva de las acciones humanas (es el horizonte al cual se dirigen), esté o no codificada en prescripciones éticas. Ignorar o pasar por alto la moral y la ética al imaginar el futuro de la arqueología (por no hablar de su presente) es un sinsentido irresponsable. Abordarlas directamente, como muchos han hecho, exige una buena cantidad de historización como forma de contrarrestar la reificación. También implica *recolocarlas* en el centro de las luchas de poder para evitar que enmascaren la política. No se trata, en fin, de oponer la política y la ética sino de reconciliarlas. Ahora parece claro que su reconciliación requiere abandonar las pretensiones naturalistas universales.

En esta importante coyuntura en la que la ética arqueológica ha sido burocratizada e instrumentalizada por un brutal proceso de reificación vale la pena situarla en la arena política, como Hamilakis (2007) pidió, pero también necesitamos un baño fresco de desmodernización. La duplicidad de la arqueología —parafraseando a Pels (1999: 102)—, su oscilación entre la ética y la política, está firmemente arraigada a la matriz moderna a la que se aferra[12] y que postula dos separaciones estrictas: entre el conocimiento y el poder y entre la naturaleza y la cultura. Esa duplicidad postula el pasado como una naturaleza conocida a través de protoco-

---

12 Sus pretensiones universales/modernas también dan forma a su moralidad postmoderna/multicultural —la justedad del conocimiento arqueológico (sobre todo el que está inspirado por la ciencia); el carácter benigno de la custodia (*stewardship*) arqueológica; la misión Ilustrada de la mayoría de las arqueologías explícitamente activistas—.

los disciplinarios ritualizados (científicos o no); el pasado como encriptado/codificado en cosas enterradas; el registro arqueológico como una naturaleza inmanente; y el arqueólogo y el conocimiento que produce como intermediarios neutrales para la aparición del pasado en el presente. Esto pone de relieve que la actual ética arqueológica no solo ha sido reificada a través de principios sino que crece a partir de "cosas" reificadas (la custodia, el registro, la excavación, el campo, los artefactos, solo para nombrar unas pocas en una larga lista). Este proceso de doble reificación persigue a la arqueología y su ética.

A pesar de su evidente modernidad la práctica disciplinaria suele proceder ignorándola. Sin embargo, la disciplina y sus practicantes no han escapado a su ontología, no importa cuánta purificación discurra por ella ni qué tan hábil sea al ignorar su relación con la modernidad —basta con dar una mirada a la mayoría de los principios éticos a nivel mundial para entender que protegen y hacen cumplir los principios modernos en los que prospera la arqueología—. Una perspectiva ética dentro de los confines de una ontología particular implica, necesariamente, la reproducción de esa ontología. Pero el atractivo de algunos principios éticos contextuales (supuestamente anticoloniales) —especialmente el Código de Ética del World Archaeological Congress y el Acuerdo Vermillion— para los grupos privados de derechos es, justamente, su potencial para llegar a otras ontologías, su potencial para poner la modernidad en suspenso con el fin de evaluar y contrarrestar su intervención y sus consecuencias. Para que esto suceda necesitamos más que simples declaraciones éticas; necesitamos puentes éticos. La "ética de investigación participativa" que sugirió Lesley Green (2015) es uno de esos puentes porque es "una ética de múltiples perspectivas", una ética relacional capaz de sacar la moralidad arqueológica de la corrección política, no desprovincializándola sino redescubriendo su provincianismo y la violencia de su funcionamiento universal. Es una moral alternativa, un paso más allá de los principios naturalizados que han endurecido a la arqueología moderna en lugar de promover el cambio y la apertura en un ánimo intercultural. Es una moral que impugna la complicidad de la arqueología con el capitalismo y el desarrollo y ofrece alternativas diferentes. De hecho, una moralidad arqueológica alternativa no es solo posible. Ya está en marcha. Emerge desde el compromiso con perspectivas y ontologías múltiples, en red con quienes siempre han estado en una condición de exterioridad a la modernidad. Aunque sigue siendo marginal (para un aparato disciplinario que se niega a relajar sus seguros monopólicos) su activismo es potente y efectivo, a pesar de la intolerancia de los arqueólogos que todavía creen en los beneficios del conocimiento moderno y soslayan el activismo antisistémico de una militancia que busca aliados en las personas en lugar de objetos de estudio y que habla de redes de historias locales en lugar de hablar de grandes relatos.

¿Podemos estar satisfechos con lo que han logrado los principios éticos hasta ahora? Depende desde dónde se responda. Desde el punto de vista de la arqueología académica convencional han sido altamente productivos, especialmente porque ahora los arqueólogos son más responsables ante sus deberes profesionales. Los arqueólogos públicos/comunitarios dirán que los principios éticos han sido fundamentales para llegar al público y para crear un sentido amplio de responsabilidad, anteriormente inexistente. Sin embargo, desde el punto de vista de las transformaciones radicales (incluyendo la lucha por la justicia social) esos principios han hecho poco más que solidificar la visión moderna de la arqueología. Además, hay un sentimiento creciente de que la ética se ha convertido en una rutina disciplinaria que ha adormecido la reflexividad. Por eso el riesgo de que los códigos éticos sofoquen las discusiones éticas no debe ser subestimado. Si unimos la aparición de códigos éticos en arqueología a la acomodación disciplinaria a los cambios multiculturales debemos consi-derar, seriamente, la posibilidad de que la ética actúa para enmascarar, aplazar o ignorar las transformaciones radicales. Como Pels sugirió con respecto a la antropología los códigos éticos pueden ser solo "profilácticos contra las incertidumbres que resultan de cuestionar la imagen antropológica" (1999: 101). Dar por hecho los códigos éticos solidifica una disciplina en vez de conseguir que cambie. La ética se convierte en una violencia deliberada si apela a una definición universal que, por definición, no puede ser universal porque la ética refiere a valores morales específicos y, por lo tanto, siempre está determinada históricamente.

Ante tantas críticas el arqueólogo cauteloso pregunta: ¿puede sobrevivir la ética arqueológica? Pero esa pregunta es equivocada porque universaliza la ética, una vez más, e implica que las acciones pueden existir sin moral —una nulidad filosófica y política—. La pregunta debe ser expresada de otra manera: ¿puede sobrevivir la ética multicultural en arqueología? Mi respuesta es que no, que no debería. La respuesta de muchos otros no es solo que sobrevivirá sino que ayudará a la disciplina a prosperar. Obviamente estas respuestas diferentes están en función del tipo de arqueología que imaginan. Quienes están satisfechos con los principios éticos actuales también lo están con una arqueología dedicada, principalmente, a atender preocupaciones académicas (todavía vinculadas con una agenda histórico-cultural duradera que aún trata al *pasado como pasado*), desdeñosas del medio contextual, es decir, de las redes de relaciones en las que la disciplina está enredada. Están satisfechos con la arqueología confinada a los límites disciplinarios y se despreocupan de los acontecimientos que ocurren fuera de la trinchera de la excavación. Quienes retan el orden ético actual lo hacen pensando y actuando contextualmente —lo que incluye un rechazo del contextualismo,[13] es decir, un rechazo de

---

13 Los efectos del contextualismo son de largo alcance. No solo postula la separación del conocimiento académico y el contexto como absoluta y dada sino que también plantea su relación como meramente circunstancial. Por eso no es de extrañar que las preocupaciones contextuales sean aditivas (y, a veces, incluso prescindibles) en el ámbito académico. Son *añadidas* al conocimiento pero no son tratadas como las condiciones creativas donde se produce y donde interviene. El contextualismo ignora la interdependencia de contexto y conocimiento.

la separación entre ética y contexto—. La arqueología que imaginan participa de otras ontologías, no para ganar poder hermenéutico sino para relacionarse con ellas en un marco de aprendizaje y transformación. La suya es una arqueología diferente con una moral diferente, cuyo reto actual más grande es liberarse de las apelaciones multiculturales a la diversidad cultural mediante las cuales las diferencias (ontológicas y de otro tipo) son sometidas al negar sus especificidades como simples perspectivas culturales y mediante las cuales se velan las desigualdades. Su mayor reto es, por fin, tomar distancia de la diversidad —que el multiculturalismo promueve: tranquila y segura, exótica, organizada, mercantilizada— mientras se involucra con la diferencia en su ocurrencia y ser.

Esta es, entonces, la situación actual en la que se desenvuelve el futuro de la arqueología. Una lucha ética por la ética.

Una cuestión de elección.

Arqueología histórica de abajo hacia arriba. Notas desde Colombia

En este artículo quiero medir, de abajo hacia arriba,[14] las cuestiones básicas que han ocupado la atención de la arqueología histórica (modernidad, capitalismo, clase), es decir, quiero considerarlas desde una posición situada y desde consideraciones no modernas más que desde principios modernos impuestos de arriba hacia abajo. Me gustaría preguntar si las discusiones que ha posicionado la arqueología histórica reproducen la ontología de la modernidad, sin importar su esfuerzo por ser una fuerza de liberación para los oprimidos. Además, preguntaré si hay otras visiones del mundo consideradas en ese esfuerzo. Ese será el objetivo del texto: responder esas preguntas, discutiendo los principios modernos de abajo hacia arriba, especialmente (pero no exclusivamente) en su relación con temporalidad, territorio y ancestralidad. Que escriba estas notas desde Colombia no es poco importante. Desde el sur geopolítico siento y escribo. Mis notas, por lo tanto, son intencionadas y están teñidas con los colores suprimidos (pero también impuestos) por el orden colonial.

---

14 Utilizo *de abajo hacia arriba* para subrayar, intencionadamente, disposiciones jerárquicas/coloniales por medio de las cuales la modernidad está en la cima de un orden mundial temporalizado y progresivo y las ontologías (y pueblos, etcétera) no modernas están en la parte inferior. Una lectura de abajo hacia arriba de la modernidad reconoce la realidad y el efecto brutal de las jerarquías pero busca desestabilizarlas.

Modernidad encapsulada

El relato canónico de la modernidad dice que se originó en Europa y más tarde se extendió por todo el mundo, siendo adoptada de forma diferente en la mayoría de los países. Esa adopción ocurrió como un reemplazo por el cual las concepciones no modernas de la sociedad, la economía, la política, la subjetividad, dieron paso a las concepciones verdaderamente modernas a través de políticas públicas orientadas a la modernización. Este *modelo de sustitución* no solo implicó que la modernidad era autónoma (un paquete para exportación) sino, también, que el colonialismo era un mal residual y no deseado, producido por su expansión inevitable. Sin embargo, a pesar de que esta versión metropolitana de la modernidad está muy extendida y arraigada no ha dejado de ser cuestionada. Por ejemplo, algunos intelectuales latinoamericanos, como Aníbal Quijano (1990) y Enrique Dussel (1994), han argumentado que modernidad y colonialidad se coprodujeron y que, por lo tanto, la primera no se originó en Europa sino en encuentros globales, en puntos disyuntivos de relación definidos por el orden colonial.[15] Esta no es solo una corrección histórica, otra versión del mismo evento. No es solo un conflicto de interpretaciones. Se trata de una declaración política que libera a la modernidad de sus arreos universales para evaluar sus efectos de manera local, histórica y disyuntiva. Además, desestabiliza las dicotomías que han alimentado la imaginación moderna (de la mismidad) y la dominación colonial (de la otredad) por igual. Al presentar la dicotomía moderno/no moderno como una contingencia histórica global y no como un hecho natural la modernidad puede ser vista a través de la colonialidad tanto como la colonialidad ha sido vista a través de la modernidad. Ignorar que modernidad y colonialidad son las dos caras del orden del mundo en los últimos cinco siglos equivale a aceptar un mundo moderno autónomo mientras se ignora el

---

15 Mitchell (2000: 1-6) proporciona una revisión exhaustiva de los retos a esta concepción metropolitana de la modernidad.

funcionamiento de la violencia colonial. Como Edward Said (1996) argumentó abundantemente la comprensión de la modernidad que ignora su relación con el colonialismo no es una deficiencia académica sino un compromiso político con la versión canónica y universal de la historia.

De hecho, una modernidad encapsulada soslaya su historicidad al negarse a considerar, siquiera, la posibilidad de que esté basada en crueles regímenes de alterización. Esto ha producido un efecto importante y duradero: una visión encapsulada del Yo, un confinamiento ineludible de la visión. La modernidad actúa como un agujero negro cuya densidad impide que la luz escape de su fuerza de gravedad. La modernidad impide que *nada*[16] escape de sus fronteras custodiadas (tan densas son sus pretensiones de universalidad); impide vagar a la mirada, aventurarse más allá. También evita que la voz configure un discurso que abandone las fronteras de expresión legítima. La modernidad impide la comunicación interontológica.

Las versiones críticas de la modernidad, como las adoptadas por algunos tipos de arqueología militante (en los que participan muchos arqueólogos históricos), han emitido enunciados en una sola vía (y, consecuentemente, entendimientos en una sola vía) por medio de los cuales la Otredad está contenida por la Mismidad. Sólo al discutir los conceptos que la modernidad creó y movilizó, y al encerrarse en esa discusión, no han podido establecer un entendimiento comunicativo y transformador. ¿Es esta una consecuencia *natural* de la inconmensurabilidad de perspectivas diferentes, como sostendría cualquier teoría relativista del conocimiento? La respuesta (mi respuesta) solo puede ser negativa, aunque no se trate de una pregunta retórica. Eduardo Viveiros de Castro llamó *equivocación* a "un tipo de disyunción comunicativa en la que los interlocutores no están hablando de la misma cosa, y lo saben" (2004: 9). Aunque

---

16 Una *nada* tan vasta que circula, libremente, desde la forma mercancía a las ideas, desde la opinión más parroquial a la academia más sofisticada.

la equivocación no debería ser un problema[17] (algunos de) los interlocutores la desconocen a sabiendas, sobre todo cuando hay posiciones hegemónicas en juego —una violencia colonial reproducida en los privilegios epistémicos a los que se aferra el conocimiento académico tan obstinadamente y desde donde se emiten los enunciados de una sola vía—. Como Mario Blaser señaló "Estas equivocaciones son propensas a pasar desapercibidas cuando las asimetrías impregnan el campo discursivo, como es el caso de la relación entre lo moderno y lo no moderno" (2009: 883).

Las arqueologías militantes (a veces también llamadas "alternativas") no tienen la intención de alcanzar cosmovisiones inconmensurables; más bien, se dirigen a cosas, conceptos y horizontes conmensurables (modernos). Como resultado, este tipo de disyunción comunicativa conduce a callejones ciegos que acotan el entendimiento interontológico, junto con cualquier otra situación localizada fuera de las murallas de la modernidad. La (in)comunicación impregna el funcionamiento de la mayoría de las arqueologías militantes. Los conceptos libertad, emancipación y democracia son predicados dentro de los límites de la modernidad, es decir, dentro de su conocimiento, su activismo y su subjetividad. Por ejemplo, aunque la democracia contemporánea busca proteger los derechos de las minorías para que no sean devorados por los de las mayorías esos derechos son, precisamente, aquellos que comparten los individuos modernos: derechos individuales que garantizan su pertenencia a organizaciones políticas definidas por estándares modernos (propiedad privada, representación política). Es decir, esa protección se realiza concediendo a las minorías acceso

---

17 Como señaló Viveiros de Castro la *equivocación* "No es, simplemente, una facticidad negativa sino una condición de posibilidad del discurso antropológico... La equivocación no es la que impide la relación sino la que la funda y la impulsa: una diferencia de perspectiva. Traducir es suponer que existe siempre una equivocación; es comunicarse por las diferencias en lugar de silenciar al Otro al presumir una univocalidad —la similitud esencial— entre lo que el Otro y Yo estamos diciendo" (2004: 10).

a la cosmovisión dominante pero rara vez respetando las diferencias (ontológicas y de otro tipo).[18] Aunque el dominio totalizador de los derechos individuales en la actualidad comparte disposiciones constitucionales y legales con los derechos colectivos, anteriormente ignorados, la primacía concedida a los primeros en desmedro de los segundos revela la absoluta modernidad de los cambios contemporáneos en la organización de la sociedad, rutinariamente etiquetados como multiculturales. La autonomía jurídica, por ejemplo, se concede a minorías con concepciones y prácticas diferenciales de justicia, a veces muy distintas de la ley moderna. Sin embargo, esa autonomía solo puede ser promulgada dentro de límites culturales y territoriales; es decir, solo puede aplicarse a ciertos individuos/grupos y en ciertos lugares. Los límites a la autonomía predicados por Charles Taylor (1993: 93) desde el inicio de las políticas multiculturales han sido establecidos en todo el mundo. La democracia contemporánea busca otorgar a los marginados el acceso a la cosmovisión dominante (este es el sentido de las políticas de inclusión). No busca ampliar la concepción de lo político, lo económico, lo social, lo subjetivo. En este sentido los autores de un manifiesto sobre arqueología indígena que luchan "para dar cabida a los diversos valores de la arqueología que hay en nuestra democracia pluralista" (Colwell-Chanthaphonh *et al.* 2010: 233) dejaron en claro que la democracia que tienen en mente "no significa la simple apertura del campo a todos sino que debe animarnos a buscar un terreno común al investigar cómo diversos puntos de vista trabajan para ampliar los compromisos filosóficos de la disciplina y sus prácticas metodológicas". Pero incluso teniendo en cuenta esta precisión sobre la democracia esta declaración es sorprendentemente moderna: la búsqueda de un terreno común "para ampliar los compro-

---

18 Como Mario Blaser (2009: 883) señaló: "En el contexto de los encuentros entre diversas formaciones sociales y la euromodernidad… la 'modernidad' implica, ante todo, un lenguaje de exclusión y, sólo entonces, una promesa de inclusión —por supuesto, siempre exigiendo que los no modernos se reformen para ser modernos"—.

misos filosóficos de la disciplina y sus prácticas metodológicas" deja a la arqueología intocada. Incluso sin tener en cuenta, si fuera posible, que los compromisos disciplinarios y sus prácticas metodológicas no han sido "ampliados" sino profundizados en las últimas tres décadas[19] (¡Justo cuando surgieron las arqueologías "alternativas"!) esta declaración acepta la arqueología como es y, por lo tanto, fortalece la temporalidad moderna. Vista así, la democracia ha logrado su propósito: conceder a los marginados el acceso a las maravillas que la modernidad tiene para ofrecer.

La discusión sobre la democracia me lleva a cuestiones de emancipación, cambio y activismo. Si el fin último de la arqueología histórica es el cambio (Leone 1999) vale la pena poner en conversación los tipos de cambio logrados trabajando políticamente dentro de las paredes de la modernidad y fuera de ellas. Si "Vemos la arqueología, tanto hablando como siendo utilizada para hablar, como una aliada importante de quienes quieren el cambio" (Leone 1999: 10) quiero interpelar el cambio que busca la arqueología histórica. Aunque estoy de acuerdo con Leone en que "A diferencia de la mayoría de las ciencias sociales la arqueología histórica contiene los inicios de algunos proyectos de colaboración prometedores y una creciente conciencia de sus roles potenciales" (1999: 11) no podemos eludir la difícil situación en la que se encuentra uno de sus campos relacionados, la arqueología pública (y que es una lección de la que pueden aprender otros campos conexos). Como Richard Handler señaló:

---

19   Considérese el caso paradigmático de la etnoarqueología, sin duda el mejor, pero no el único, ejemplo de este movimiento. La etnoarqueología es ampliamente promocionada como un contacto con pueblos *vivos* pero solo está dedicada a la producción de información que permita traducir estática (el registro arqueológico) en dinámica (la operación de las culturas). Por lo tanto, los pueblos vivos son tratados como objetos en movimiento que actúan sus "culturas" por el bien de la arqueología. Su vida fuera de las necesidades disciplinarias es básicamente irrelevante.

Podríamos decir que la preocupación por la "arqueología pública", aparentemente destinada a "hacer lo correcto", se ha convertido en una nueva rutina de disciplinamiento dentro de la arqueología antropológica. Y como una rutina que los profesionales adoptan como parte de su identidad disciplinaria, la práctica de la arqueología pública puede alejar la reflexividad crítica (relacionada con cuestiones epistemológicas y políticas) que pretendía facilitar (2008: 97).

Desde que Vine Deloria (1992: 598) puso la colaboración entre arqueólogos y pueblos indígenas a la vanguardia de una nueva forma de relación (no colonial) esta se convirtió en un símbolo para los arqueólogos comprometidos social y políticamente; incluso se convirtió en una moralidad.[20] La colaboración con, y la participación de, actores anteriormente marginados son dos de los objetivos de la mayoría de las arqueologías militantes. Ambos han sido predicados en la agenda democrática de una arqueología ampliada, social y políticamente responsable ante una multitud de nuevos actores al fomentar la inclusión y la participación. Sin embargo, hacer que otros actores compartan lo que ofrece la disciplina (la ontología de la modernidad) es una inclusión de una vía que soslaya cómo el tiempo, la ancestralidad, el espacio y la vida son considerados y experimentados por cosmovisiones no modernas. La participación que la colaboración tiene en mente está plenamente desarrollada dentro de la concepción de la democracia moderna, oscureciendo "la posición asimétrica del salvaje-otro en el campo temático" del que participa la arqueología; al hacerlo "se niega la especificidad de la otredad,

---

20 "La investigación actual *debe* ser un proyecto de colaboración entre la arqueología y la población local" (Gosden 2001: 258; añadí las cursivas). Si este programa se lanzó hace más de una década y si los privilegios epistémicos de la arqueología no han sido impugnados sino fortalecidos desde entonces (gracias, sobre todo, a la aparición de las arqueologías "alternativas") es fácil ver a quién beneficia este "proyecto colaborativo".

subsumiendo al Otro en la mismidad del texto, percibido como una cooperación liberadora" (Trouillot 2011: 76-77).

La colaboración también se ha convertido en "una nueva rutina de disciplinamiento"[21] en la que se comparte, sobre todo (sino exclusivamente), la temporalidad moderna. Por eso vale la pena preguntar si la emancipación y el cambio se pueden alcanzar a través de (por, en) la arqueología colaborativa. La respuesta depende, por supuesto, de lo que se entiende por emancipación y cambio. Los arqueólogos históricos los han entendido, en su mayor parte, desde la perspectiva de la lucha de clases. En términos modernos el cambio es un movimiento (hacia arriba o hacia abajo) a lo largo de la escala evolutiva; para el marxismo se produce como resultado de una confrontación dialéctica entre clases sociales. Este es el cambio que dirige la lucha de clases, un cambio que hoy en día "nos compromete con un pluralismo liberal, sin derramamiento de sangre, que subsume las diferencias en la Mismidad" (Chakrabarty 1993: 1095).

La arqueología histórica, atrapada en el nicho de la clase, no ha abordado suficientemente otros vectores de diferencia, opresión y desigualdad como raza, género y etnia, ni de manera aislada ni en conjunto. Por ejemplo, la raza y el racismo han ocupado a los arqueólogos durante varias décadas (Mullins 2010), pero la forma en que los han abordado raramente ha reconocido su entrelazamiento con la opresión de clase. Pero esta no es mi preocupación en este texto. Si ese entrelazamiento es final y plenamente abordado la arqueología histórica se volverá teóricamente más sofisticada y sensible a lo "real". Sin embargo, esa reorientación no escaparía a los barrotes de hierro de la

---

21 La Salle (2010) da una enérgica versión personal de lo que significa la colaboración. Ella ve la colaboración a través de la lente de un modelo corporativo y pregunta: "¿Es esto lo que los arqueólogos están haciendo? Hacer que la gente se sienta cómoda para que 'nosotros' podamos continuar 'nuestra' investigación" (La Salle 2010: 411).

modernidad. Mostraría (extensamente y de forma beneficiosa, sin duda, en lo que respecta a la profundización de la conciencia social y política) cómo la modernidad constituye la raza o cómo la raza ha sido crucial en el desarrollo del capitalismo pero no habría abordado cómo la raza lee, interpela y perturba a la modernidad. Una vez más, como es el caso con cualquier otro vector de diferencia contenido por la modernidad, la raza habría sido leída de arriba hacia abajo; su potencial desestabilizador y creativo habría sido domesticado, subsumido, sometido. De hecho, aunque el objetivo de la mayoría de las arqueologías militantes ha sido "dar 'voz' a los pueblos históricamente ignorados" (Mullins 2010: 365) esa voz ha sido predeterminada por su posición en la jerarquía de la modernidad. La emancipación y el cambio, por lo tanto, solo se han explorado en la arqueología histórica dentro de los límites intelectuales de la modernidad. Es decir, han sido predicados dentro de la democracia. Como Chakrabarty señaló,

> [...] las historias subalternas escritas para la diferencia no pueden constituir un intento más —en la larga y universalista tradición de historias "socialistas"— para ayudar a erigir al subalterno como sujeto de las democracias modernas, es decir, para expandir la historia de lo moderno de tal manera que sea más representativo de la sociedad en su conjunto ... este pensamiento es insensible a las cuestiones filosóficas de la diferencia y sólo puede reconocerla como un *problema práctico* (añadí las cursivas) (1993: 1096).

La diferencia ha sido un *problema práctico* para la democracia desde que se estableció la estructura política de las sociedades modernas. La tensión constitutiva más urgente de la modernidad fue que necesitaba la Otredad (en cuyo simbolismo negativo descansó la definición y el control de la Mismidad) mientras que, al mismo tiempo, la despreciaba, criminalizaba y segregaba. Cuando la diferencia es un "problema práctico" que tiene que ser enfrentado —como hizo, por ejemplo, el indigenismo latinoamericano y ahora hacen la mayoría de las sociedades multiculturales—[22] no puede ser sino el lado oscuro de un proyecto ilustrado. Cuando la diferencia es un problema y no una realidad social a ser respetada, valorada y nutrida la comprensión y la acción intercultural no son más que declaraciones programáticas vacías. En tales casos la diferencia y la desigualdad son enmascaradas como diversidad.

La diferencia como problema es el símbolo de la modernidad. En la relación entre mismidad y alteridad no hay lugar para que la primera entienda, respete y tome en serio a la segunda; sus deseos, expectativas, proyectos autónomos y esperanzas rebotan contra un muro de silencio, no comprensión, violencia. No en vano el lema de *El corazón de las tinieblas*, la novela de Joseph Conrad (1980) que personifica la violencia colonial mejor que cualquier otra representación, es la falta de entendimiento, no por parte de los congoleños, por supuesto, que no tienen voz en la novela, sino por parte del narrador "blanco". El silencio del *otro* es una narrativa perdurable de la modernidad. Desde el siglo XV el *otro* no habla porque es mudo, como Todorov (1987: 159-170) mostró para la conquista europea de América, o porque su voz no se puede oír en los espacios unidimensionales de escucha establecidos por la modernidad (académicos y de otro tipo).[23]

---

22 La canciller alemana Angela Merkel dijo a finales de 2010 que los esfuerzos de su país para construir una sociedad multicultural habían "fracasado totalmente" y atribuyó el fracaso a los inmigrantes no integrados (véanse los largos informes de la prensa mundial sobre el tema, 16 de octubre). En Inglaterra los políticos conservadores atacan el multiculturalismo porque divide y distinguen "entre la nacionalidad definida por la cultura y otra definida por los derechos políticos" (Wright 2007: 134). En América Latina Wade (2006) ha demostrado que las minorías étnicas (que en algunos países, como Bolivia, distan de ser minorías), protegidas y promovidas por las Constituciones y las leyes, todavía son *un problema* cuyas condiciones de vida ha empeorado desde que las políticas multiculturales fueron promulgadas en la década de 1990.

23 El mundo académico sigue aferrado al canon moderno, dejando poco o ningún espacio a las voces del *otro*. En este sentido quiero plantear una pregunta retórica: Frantz Fanon o Aimé Césaire, por mencionar a dos grandes escritores y activistas de ascendencia

¿Cómo puede haber comprensión en una comunicación que no es dialógica, que no escucha ni respeta la voz del Otro sino que solo transmite el mensaje del Yo (civilización, progreso, desarrollo)? Es precisamente de esta falta de comprensión, de esta falta de comunicación dialógica y transformadora, de donde surge la violencia que estalla con fuerza, como Michael Taussig (2012) mostró tan magistralmente. En el campo del conocimiento la (in)comunicación termina por reproducir la violencia producida por todo tipo de privilegios epistémicos: comprensión direccional, imposición, universalización, naturalización. En Colombia la historia de la relación del *yo* moderno con el *otro* no moderno es altamente violenta, en el pasado tanto como ahora. En el ámbito de la historia y el patrimonio el Estado, junto con el trabajo concertado de las disciplinas históricas (entre las que la arqueología ocupa un lugar destacado), ha construido una historia en una sola vía en la que la opinión del *otro* no se oye ni toma en consideración. La narrativa fundacional de la nación es la de los mestizos, una herramienta para glorificar y cimentar la unidad nacional de la cual el *otro* fue desterrado —o en la cual fue incluido, destrozando su Otredad—. La arqueología es una manera de hacer frente a las heterogeneidades temporales con mitos fundacionales, con la creación de comunidades de creyentes históricos.

Pero esta historia no es un asunto del pasado, de la época de la construcción de la nación. Su contemporaneidad en tiempos multiculturales revela que la modernidad todavía se las arregla para existir. El Estado y las disciplinas académicas siguen controlando los discursos sobre el patrimonio, tanto así que la puesta en escena del pasado es todavía un tema de mejores administraciones pero no de discusiones transformadoras. El auge contemporáneo del patrimonio, alimentado por el mercado, que elevó los activos "tangibles" e "intangibles" a riqueza para ser explotada altera a

---

africana, ¿son leídos y discutidos en los departamentos de antropología y filosofía de la misma manera y con el mismo interés y seriedad dedicados a, por ejemplo, Clifford Geertz o Platón?

los indígenas porque objetiva el pasado para convertirlo en una mercancía y porque se basa en una concepción de la historia que vulnera su visión del mundo. Los pueblos indígenas de Colombia, como en otros lugares en el mundo, están ahora preocupados por la mercantilización de las enseñanzas de sus antepasados y cómo han sido reducidas a categorías y conceptos ajenos. En concreto, la forma como el mercado explota el patrimonio para la venta insulta al carácter reservado de lo sagrado. Sin embargo, una creciente oposición a la concepción humanista/capitalista del patrimonio (adoptada por la arqueología convencional, la UNESCO, las ONGs y los organismos estatales de gestión del patrimonio) no puede ser ignorada y debe tenerse en cuenta. Esa oposición ha sido más claramente articulada por organizaciones de base no solo preocupadas por los males que puede provocar una oleada patrimonial descontrolada sino también con la formulación de alternativas al turismo masivo, las políticas jerárquicas de patrimonio y la consecuente ruptura de los lazos sociales.

Este acontecimiento aparentemente anacrónico, sobre el que profundizaré más adelante, surge de declaraciones y entendimientos de una sola vía, confundiendo el lugar donde se desenvuelve el conflicto: "Estos son conflictos que supuran bajo el supuesto de que las partes en el involucradas están de acuerdo sobre lo que está en juego, cuando en realidad ese no es el caso. En otras palabras, lo que está en juego en estos conflictos son, precisamente, las 'cosas' diferentes que están en juego" (Blaser 2009: 879). Estas "cosas diferentes" son las que una visión moderna de lo arqueológico habitualmente pasa por alto pero son el objetivo de un activismo político de abajo hacia arriba que trata de evitar la diversidad (la que promueve el multiculturalismo: tranquila, segura, exótica, complaciente, organizada y mercantil) con el fin de involucrarse con la diferencia en plenitud —la "constante producción y emergencia de sujetos en el embate de sus antagonismos y tensiones" (Segato 2007: 27-28)—, con la Otredad en su acontecimiento. Tal activismo toma en serio la diferencia. En este sentido ¿qué sucede cuando el cambio y la emancipación tienen que ver con cuestiones postcoloniales en las que la lucha por la diferencia radical es crucial? ¿Qué pasa cuando consideramos que "existe una comunicación no violenta y puede ser defendida como un valor" (Todorov 1987: 194)?

Escapando de la modernidad

La mayoría de los relatos alternativos a la versión canónica de la modernidad desafía la idea de Occidente como el centro de la historia. Al mostrar que la modernidad es un fenómeno global con múltiples *loci* de ocurrencia (disyuntivos, asimétricos, violentos) se perturba su espacialidad convencional. Pero la modernidad está, ante todo, construida sobre una temporalidad progresiva y teleológica a la que se aferra con fuerza. Puede conceder una espacialidad descentrada (que puede ser fácilmente recapturada, de todos modos)[24] pero nunca podría conceder una concepción diferente del tiempo. Esto es así porque, parafraseando la lectura que hizo Chakrabarty (1993) de la distinción de Marx entre trabajo real y abstracto, la modernidad distingue entre un pasado real y uno abstracto. El primero estaría rondado por la historia, por lo concreto, por la diferencia, mientras que el segundo sería el tiempo vacío y homogéneo de la modernidad sobre el cual escribió Benjamin (1968: 261) y, después de él, Benedict Anderson (1991).

El pasado abstracto de la historia hegeliana (moderna) somete y silencia el pasado real a través de un proceso completo de reificación. La insistencia moderna en la diferencia entre representación y realidad, como Mitche-

---

24 Por ejemplo, los orígenes no Occidentales de la modernidad no alteran su lógica ni la primacía temporo-espacial de Occidente. Simplemente apuntan a movimientos "primigenios" que luego fueron articulados, desarrollados, capturados por el centro, como quiera que sea definido. Su catalogación como premodernos indica su posición en una jerarquía, su dirección, su marcha inevitable hacia la modernidad.

ll (2000) mostró,[25] permite la reificación de lo real. En el caso del *pasado* la modernidad acepta que puede haber diferentes representaciones de él (los *pasados*, digamos) pero sostiene que solo hay un pasado real. En medio de una gran variedad de representaciones es fácil ver cuál es la "verdadera y válida": el *pasado* del tiempo moderno representado por las disciplinas históricas marcadas como universales, neutrales y objetivas y sostenidas por todo tipo de procedimientos técnicos que se ofrecen como medios disciplinarios para alcanzar la seguridad de la representación. Las multiplicidades son exiladas de esta representación unívoca. Además, la "lucha" por las representaciones, que la democracia multicultural parece tolerar, es desigual y artera, una lucha de un solo sentido que, al final, no es una lucha en absoluto. Pueden existir otras versiones del pasado, dice la arqueología, pero son inofensivas y doblemente recapturadas por el mercado (como exóticas y primitivas) y por las disciplinas históricas (como diversidad premoderna o, a lo sumo, como forraje etnográfico).

En este sentido la idea del *pasado* a la que adhiere la arqueología tiene un solo significado. La arqueología se basa en la idea compartida de que el pasado está enterrado y cifrado/codificado en cosas. La disciplina se esfuerza por descifrar el pasado así enterrado y cifrado; en pocas palabras, se esfuerza por descubrir significados enterrados. Los procedimientos para descubrir/decodificar han cambiado a través de los años pero no lo han hecho la definición y el significado de lo que está cubierto/codificado y, por tanto, a la espera de ser descubierto/decodificado por el bien del conocimiento arqueológico. La arqueología histórica participa de esta concepción ya que se encuentra atrapada en un doble encierro moderno. Su adjetivo, *histórica*, define su horizonte ontológico y metafísico, por no hablar de su epistemología.

---

25 "Es este novedoso mito de la presencia inmediata, de una realidad material original, un mundo antes de y aparte de todo el trabajo de replicación, diferencia, antagonismo, sentido, manejo o imaginación, el que define la peculiar metafísica de la modernidad" (Mitchell 2000: 19).

Es la *historia* moderna la que la arqueología histórica investiga, a pesar de que sus intenciones y acciones sean políticas, subversivas o emancipadoras; no se ocupa de *otras* historias, otras lógicas temporales, en fin, otras temporalidades. Su sustantivo, *arqueología*, define su operación dentro de límites disciplinarios. La insistencia de la arqueología histórica en historia y arqueología se revela problemática de abajo hacia arriba porque es ostensiblemente incapaz de escapar de la modernidad y, por lo tanto, incapaz de promover la emancipación y el cambio desde perspectivas no modernas. Ninguna arqueología alternativa podrá ser realmente alternativa a la ontología dominante. Mientras se mantenga dentro de los límites de la disciplina como fueron definidos por la modernidad la arqueología alternativa siempre será moderna y, por lo tanto, subordinada a sus narrativas maestras, como el progreso y el desarrollo.

Si la arqueología histórica se atrapa a sí misma en el principio ilustrado de la emancipación, en el horizonte político de una igualdad humanista (desde la cual, por ejemplo, se predicó la retórica del mestizaje[26] latinoamericano), entonces pierde la oportunidad de ser emancipadora en un sentido postcolonial en el que "las matemáticas de la clase" son modificadas por "el color, la cultura, la historia no eurocéntrica, en resumen, por la diferencia" (Segato 2010: 20). Una lectura de abajo hacia arriba de la historia es, sobre todo, una historia acerca de "las marcas de origen inscritas en el cuerpo del sujeto por acontecimientos que sucedieron en su espacio-tiempo" (Segato 2010: 27). Una arqueología histórica de abajo hacia arriba no es ni histórica (en el sentido moderno de la historia)

---

26 El *mestizaje* no fue un hecho biológico (el intercambio de genes) sino una violencia discursiva "incluyente y democrática" (todos son iguales en una sola raza unificadora) que canibalizó las diferencias raciales. No fue un "proceso inevitable" sino el resultado de una relación de poder asimétrica en la que una élite moderna (descendiente de los criollos) estableció los términos del proceso: la lucha por las diferencias raciales debía dar paso a la pacífica, pero controlada y enmarcada, unidad democrática del mestizaje.

ni arqueológica (en el sentido disciplinario). Es una alternativa a la historia y a la arqueología en la que el signo de la diferencia (raza, etnia, género) se inscribe como perturbación y posibilidad. La diferencia no es ya algo sometido en el pasado (como en el caso de la esclavitud) sino algo real, actual y contemporáneo que lucha por sus propios horizontes de vida, entendimiento, desenvolvimiento y relación. La lucha por la *diferencia* no puede ser una ganancia teórica (como en la apertura de espacios disciplinarios, en su mayoría meramente simbólicos) sino "una herramienta para producir posibilidades prácticas para la acción" (Chakrabarty 1993: 1095).

En lugar de la distinción entre distintos pasados, que pueden ser capturados por el tiempo moderno de todos modos y en cualquier momento, podemos pensar en diferentes temporalidades, que tienen el poder para introducir *diferencia* y *heterogeneidad* en la constitución de la modernidad, perturbando su trazado. En este sentido la arqueología histórica de abajo hacia arriba es una investigación para encontrar los rastros históricos borrados por la modernidad/colonialidad. La poderosa atracción de la modernidad, su densidad de agujero negro, solo puede ser enfrentada por la fuerza del evento, del acontecimiento, de la historicidad, de la diferencia radical. Puede ser confrontada por temporalidades heterogéneas y su espacialización. En una investigación en la que tuve la oportunidad de participar con la comunidad indígena del reguardo Juan Tama en el suroccidente de Colombia el sentido mismo de lo arqueológico fue barajado, alterando el asiento de la temporalidad moderna. Las estatuas de piedra prehispánicas y las viviendas en una zona llamada Moscopán, objeto de mucho trabajo arqueológico desde 1940, llamaron la atención de una comunidad recientemente asentada en la región debido a un terremoto que desplazó a miles de personas de sus territorios ancestrales en Tierradentro en 1994 (véanse Gow y Rappaport 2002; Gnecco y Hernández 2008). El "trabajo de campo" fue una ocasión para realizar actividades específicas (caminatas territoriales, reuniones, talleres, una pintura mural, un documental); más que nada, fue una ocasión para reflexionar y vivir la manera como se habita la historia y se recuerda el territorio. Las estatuas de piedra revelaron su importancia en la vida de esta comunidad como anclas, amarres, lugares o ancestros. El "trabajo de campo" no los rescató de su lugar enterrado, cifrado, porque no están en el pasado y, por lo tanto, no son redimibles por el funcionamiento de la lógica arqueológica. Las estatuas simplemente son, viven. Son seres tutelares que estaban allí esperando, marcando el lugar al que la comunidad estaba llegando, volviendo.

La investigación estuvo guiada por la convicción de que (a) los propósitos deberían partir de las necesidades y expectativas de la comunidad más que de los deseos de los académicos, de manera que éstos se convierten en acompañantes y colaboradores de los procesos de investigación puestos en marcha; y (b) los resultados no son solamente (a veces ni siquiera centralmente) los productos finales de los académicos (un artículo, un libro, una conferencia, una exhibición) sino, sobre todo, lo que ocurre en el proceso de investigar: comprensión intersubjetiva, dinamización de las agendas sociales y políticas, fortalecimiento de los lazos sociales, transformaciones de todo tipo. La investigación, entonces, fue asumida como un acontecimiento, como un devenir. Más que producir resultados medibles la investigación misma fue el resultado. No se trató de llevar la arqueología a la comunidad —lo que ha terminado por hacer la *arqueología pública*— sino de forjar puntos de encuentro (sobre memoria, temporalidad, espacialidad) que terminaron/empezaron por transformar la práctica disciplinaria aún más que la vida misma de la comunidad. En este asunto hay diferencia con una investigación arqueológica convencional que no cambia la relación de la disciplina con la gente ni sus fundamentos ontológicos y metafísicos sino que espera producir resultados canónicos. Muchos arqueólogos asumen que la transformación de las prácticas, desde la perspectiva democrática de la arqueología pública, produce cambios metodológicos e, incluso, textuales pero no las relaciones que se establecen entre los investigadores y los sujetos (objetualizados) que se investigan, como si se tratara de una interrogación judicial y no de un encuentro subjetivo y transformativo entre personas. Este trabajo puso en cuestión la naturalización de esas relaciones. Dice Luz Mary Niquinás, exgobernadora de Juan Tama y codirectora de la investigación: "Cuando los grandes académicos de la antropología realizan investigaciones para medio entender a los pueblos indígenas y, tal vez, para su formación individual nosotros siempre estamos pensando desde la colectividad y que los análisis de las investigaciones que hace una persona indígena en los diferentes aspectos están pensados y se hacen para que la comunidad se transforme y cada día sepa proyectarse y convivir con lo que hay en la naturaleza. Además, nuestro conocimiento ancestral es importante ya que en él están las raíces para continuar el proyecto de vida. Con esto quiero decir que nosotros en la vida práctica hacemos 'arqueología' pero de otra manera; es cuando nosotros comprendemos que nuestro territorio es un ser vivo y allí existen restos —piedras, estatuas, entre otros— que dejaron nuestros ancestros. Sabemos y comprendemos que estas huellas que están en el territorio tienen una historia y que nosotros, como parte del territorio, tenemos que entrar a entender y a poner en práctica esa memoria. Al comprender esta forma de vida sabemos que en el espacio subterráneo hay seres —o piedras u ollas de barro, hipogeos, escrituras en objetos— que están orientando los principios o normas al ser nasa. Por tal razón, un buen nasa se comunica con estos personajes para mantener la relación con la naturaleza. Con esto quiero decir que un nasa si no se relaciona con el territorio es porque ha perdido la historia, la memoria nasa, y vive como cualquier persona sin identidad. Para nosotros hacer arqueología es entender ese mundo diferente de relacionarse con el territorio, esa forma diferente de hacer historia, esa forma diferente de tejer la vida comunitaria, social y cultural para ir construyendo nuevos retos y nuevas formas de vivir con el territorio. Es por eso que nuestra forma de vivir, de pensar y actuar y de proyectarse siempre es un ir y venir; es decir, nuestra vida gira en espiral porque no hay que olvidarse de la historia y la memoria colectiva. Según nuestra cosmovisión en el momento de la creación de la tierra todos los seres, desde el más pequeño hasta el más grande, eran gente; por esta razón hay que respetarlos, quererlos y vivir como hermanos. La arqueología de la academia debe comprender que estos elemento para nosotros son parte de la vida y por eso hay que continuar compartiendo la historia a las nuevas generaciones como un legado que educa para vivir mejor en la comunidad".

Una temporalidad espacial, como la que puso en palabras Luz Mary, cuestiona la noción misma del *pasado*, con la que la arqueología histórica parece tan cómoda. También altera la separación metropolitana entre modernidad y colonialidad ya que lee los signos de la historia en las marcas de opresión y sometimiento tanto como en el desenvolvimiento de vidas diferentes. Una arqueología histórica de abajo hacia arriba, por lo tanto, no aísla la diferencia de los acontecimientos históricos, sobre todo de los efectos combinados e inseparables de la modernidad y la colonialidad. De hecho, "uno puede pedir prestada la noción capitalista de lo no capitalista, la noción Occidental de lo no Occidental y la noción moderna de lo no moderno y preguntar qué suprimen estas ficciones no desechables" (Mitchell 2000: 12). La respuesta a la supresión tiene colores, heridas coloniales,[27] desigualdades. Por lo tanto, estas notas desde abajo "sólo pueden ocurrir *dentro* del horizonte temporal del capital y, sin embargo, alteran la unidad de ese tiempo" (Chakrabarty 1993: 1096; cursivas en el original). Esta alteración da a la Otredad la capacidad de reaparecer en la escena mundial, esta vez no como un referente simbólico atrasado sino como un sujeto soberano

---

[27] Tomo prestado este concepto de Walter Mignolo, para quien "la colonialidad, naturalmente, fue (y todavía es) ignorada o disfrazada de injusticia necesaria en nombre de la justicia. La colonialidad nombra las experiencias y las visiones del mundo y de la historia de aquellos a quienes Fanon llamó *les damnés de la terre* ('los condenados de la tierra', los que han sido, y siguen siendo, sujetos a los estándares de la modernidad). Los condenados son definidos por la *herida colonial*, y la herida colonial, física y/o psicológicamente, es una consecuencia del *racismo*, el discurso hegemónico que cuestiona la humanidad de quienes no pertenecen al locus de enunciación (ni a la geopolítica del conocimiento) de quienes asignan los estándares de clasificación y se asignan a sí mismos el derecho a clasificar" (cursivas en el original) (2005: 8).

de una historia contada no desde el punto de vista de la torre hegeliana (donde ocurre el cautiverio de la historia) sino a partir de la heterogeneidad que convocan las temporalidades espaciales. Es el silencio lo que se rompe, la supresión que la historia impone a las temporalidades no modernas.

Estas temporalidades de diferencia han sido soslayadas por las arqueologías militantes, atrapadas en su modernidad y en las "ficciones no desechables" del cambio, la democracia, la emancipación. No necesitamos "una narrativa más global y más homogénea de la modernización" que "inevitablemente termina por volver a contar la historia de Occidente" (Mitchell 2000: 16); lo que necesitamos es el regreso de las temporalidades heterogéneas que la modernidad buscó suprimir. No necesitamos una historia escrita desde arriba sino historias escritas y promulgadas desde abajo. Una recreación histórica desde abajo no puede evitar poner entre paréntesis el tiempo vacío y homogéneo de la modernidad que "cuando encuentra un obstáculo piensa que ha encontrado otro tiempo —algo salido del precapital, algo que pertenece a lo premoderno—" y que trata la resistencia "como salida del pasado de la humanidad, algo que la gente debería haber dejado atrás pero no lo ha hecho" (Chatterjee 2005: 926). Si abandonamos la creencia naturalizada de que la historia es una secuencia cronológica de acontecimientos que progresa hacia un fin (civilización, modernidad, desarrollo) y traemos a escena la violencia del colonialismo entonces la temporalidad de la modernidad se enreda en una distribución de nodos heterogéneos. La diferencia entre una concepción de nodos de heterogeneidad histórico-estructural (Mignolo 2005) y una sucesión lineal de eventos es que la primera permite dar cuenta de la relación multifacética entre lo local y global; no concibe la historia como un proceso cronológico lineal sino como una heterogeneidad no teleológica y multitemporal (García 1989), un lugar para debatir y promulgar historias locales en vez de grandes y violentas narrativas unificadoras —los universales antropológicos de Michel Foucault (1968)—. Este desplazamiento lleva la diversidad cultural al campo de las diferencias coloniales; vuelve política la asepsia multicultural de la corrección política que busca desracializar y vaciar de poder las relaciones coloniales a través del culturalismo.

Una recreación histórica desde abajo, en suma, toma la Otredad en serio. Lo que necesitamos para comprender y tomar en serio las ontologías no modernas (indígenas o no) no es una metodología para incorporarlas sino una relación diferente y una voluntad genuina por entender, acompañar, descentrar, y actuar en consecuencia. La incorporación metodológica de voces locales que promueven algunas variantes de las arqueologías militantes (un giro metodológico normalmente conocido como multivocalidad) puede ser solo la recaptura científica de lo que se había extraviado, una declaración acerca de cómo pasar el filtro científico a través de la prueba de la democracia y la apertura, dejando de lado creencias y ontologías, parte esencial de la comprensión intercultural y el activismo pero no de la "vida real" de la arqueología, donde parecen ser simple ruido. Una ausencia notoria en este giro metodológico es la relación de la arqueología *qua* modernidad con otras visiones del mundo. Esto es sorprendente, sin embargo, porque los arqueólogos son conscientes de la carga colonial de su disciplina; pero, como Mario Blaser (2009: 880) señaló:

> Puesto que el enfrentamiento con lo no moderno se manifiesta como conflictos ontológicos hay una fuerte tendencia a no reconocer ni siquiera la existencia de este enfrentamiento. En otras palabras, lo no moderno se manifiesta como algo que no es captado por las "pantallas de radar" de las categorías modernas.

Si las diferentes ontologías se niegan y borran, tampoco hay reconocimiento del conflicto. Si la arqueología es una fuerza de liberación para aquellos que quieren y necesitan el *cambio* vale la pena considerarla como un *locus* donde ocurren luchas ontológicas (solo una de los cuales gira en torno al cambio). Si la arqueología busca el cambio —no como una huella evolutiva en el registro, lo que la disciplina ha buscado, sino como transformación de la disposición actual de la sociedad y de las redes en las que participa— puede convertirse en un lugar desde el que luchar en el campo de la ontología política porque está situada, ventajosamente, para tratar temas de temporalidad, espacialidad, memoria y ascendencia. Necesitamos puentes que den cuenta y se comprometan con diferentes ontologías; puentes en los que son notables la negociación y la resolución de conflictos, unas situaciones sorprendentemente creativas; puentes que "se centren en los conflictos que surgen cuando mundos u ontologías diferentes se esfuerzan por mantener su existencia mientras interactúan y se mezclan entre sí" (Blaser 2009: 877).

Reflexiones para comenzar

Los últimos párrafos que deseo ofrecer no son para concluir mis argumentos sino para abrirlos a la discusión y el activismo. Quiero dejar claro, como si fuera necesario, que mis notas no son sobre la expansión del potencial epistemológico de la arqueología histórica (abordando la relación de muchos vectores de diferencia) ni sobre volverla más democrática (añadiendo otras voces). Mis notas buscan ver la arqueología histórica desde lejos, desde abajo, desde donde la herida colonial todavía duele; buscan colocar la arqueología histórica en el escenario más amplio de la modernidad y la colonialidad.

La arqueología histórica ha hecho mucho en el terreno de las políticas de la identidad. La fuerza que ha dado a la conciencia histórica de los grupos marginados es incuestionable. Pero si una historia plural, horizontal y abierta (una historia de abajo hacia arriba) quiere ir más allá del inocuo pluralismo relativista promovido por las políticas de la diversidad puede encontrarse en la lucha por una Otredad radical, como ha argumentado Rita Laura Segato:

> La lucha de los movimientos sociales inspirados en el proyecto de una "política de la identidad" no alcanzará la radicalidad del pluralismo que pretende afirmar a menos que los grupos insurgentes

> partan de una conciencia clara de la profundidad de su "diferencia", es decir, de la propuesta de mundo alternativa que guía su insurgencia. Diferencia que aquí entiendo no con referencia a contenidos substantivos en términos de "costumbres" supuestamente tradicionales cristalizadas, inmóviles e impasibles frente al devenir histórico sino como diferencia de meta y perspectiva por parte de una comunidad o un pueblo (2007: 18).

La radicalización de la Otredad significa la liberación de su fuerza, restringida por las redes de la diversidad cultural. Significa pensar la Otredad en su devenir, no como una categoría subalterna fija, marcada y sometida sino como una categoría con agencia involucrada en la desestabilización de lo que se ha vuelto estable y normal debido a su naturalización brutal. Significa pensar históricamente, recuperar el sentido de evento y devenir, recuperar el "sentido histórico, la conciencia de la capacidad de decisión que existe en la sociedad para impulsar el movimiento de sus estructuras y desactivar sus prácticas acostumbradas para sustituirlas por otras" (Segato 2010: 42). Es precisamente en la distinción semiótica (y política) entre *subalterno* y *subalternizado* donde quiero encontrar la manera de comenzar este artículo. Porque subalterno habla de una ontología, un lugar en una jerarquía (aunque sea un lugar que quiere desestabilizar esa jerarquía), mientras subalternizado habla de un evento, un devenir, un proceso. Me gustaría pensar en ese cambio semiótico como un "salto en el aire libre de la historia" (Benjamin 1968: 261) porque pone el énfasis en la relación colonial que creó las actuales jerarquías y desigualdades y la aleja de su *locus* ontológico seguro. En este sentido una arqueología histórica de abajo hacia arriba no es solo acerca de los subalternizados sino también acerca de quien puso en marcha el proceso de subalternización; en pocas palabras, trata de forjar una conciencia histórica en la que la herida colonial es prominente porque habla de una violencia que se puede superar.

Como Guillermo Bonfil señaló en su crítica del indigenismo "Al postular la relación dialéctica que une a las comunidades indígenas con la sociedad global el antropólogo se enfrenta, indefectiblemente, a una opción mucho más radical: la de enjuiciar su propia sociedad y su propia cultura" (1970: 61). Esta es, de hecho, una experiencia de *alteración* por la relación transformativa con la *alteridad*. No en vano las dos palabras comparten el mismo prefijo latino, *alter*, que significa "el otro (de dos)".[28] Esta transformación tiene como objetivo una relación que puede ser rehecha, una violencia que puede ser superada, una discriminación para la que no haya futuro, una desigualdad que solo pueda ser asunto del pasado. Esta transformación habita en lo que Achille Mbembe[29] ha llamado "los conceptos centrales de Fanon sobre tiempo, creación y reconstitución y la medida en que puedan trascender la 'ley de la repetición,' que él anticipó como la mayor amenaza a la novedad". Esta transformación es, en suma, sobre imaginar y forjar las sociedades postnacionales que están emergiendo, lenta y contradictoriamente, de las ruinas de la nación.

La arqueología histórica puede alimentar la idea multicultural de las sociedades postnacionales, en la que la diferencia y las desigualdades son enmascaradas por la tolerancia y la promoción de la diversidad, o puede hacerse a un lado y relacionarse con la diferencia en todo su despliegue, no para ofrecerle un lugar en el concierto de los "hombres civilizados" sino para contribuir a crear verdaderos mundos de multiplicidades, colores, heterogeneidades. Las sociedades postnacionales que la arqueología histórica de abajo

---

28 En este sentido Gayatri Spivak señaló: "Por fuera —aunque no completamente— del circuito de la división *internacional* del trabajo hay personas cuyas conciencias no podemos asir si cerramos nuestra benevolencia construyendo un otro homogéneo referido sólo a nuestro propio lugar en la silla del mismo o del yo. Aquí hay granjeros de subsistencia, trabajadores campesinos desorganizados, tribus y las comunidades de trabajadores nulos en las calles o en el campo. Confrontarlos no es representarlos (*vertreten*) sino aprender a representarnos (*darstellen*) a nosotros mismos" (2003: 288-289).
29 http://criticaltheory.berkeley.edu/events/event/difference-and-repetition-reflections-on-the-current-political-moment/

hacia arriba puede ayudar a imaginar y forjar no son singulares sino múltiples, una tarea mucho más formidable y exigente que la relativemente simple unidad construida por la nación: "Lo múltiple *hay que hacerlo*, pero no añadiendo constantemente una dimensión superior sino, al contrario, de la forma más simple, a fuerza de sobriedad, a nivel de las dimensiones de que se dispone" (Deleuze y Guattari 1994: 12; cursivas en el original). Estas notas sobre la arqueología histórica son, en verdad, de abajo hacia arriba; no descienden desde lo alto (del Estado, las disciplinas, la academia) sino que se levantan desde donde viven los habitantes del lugar. No son sobre *el pasado* que la arqueología busca representar sino sobre el orden contemporáneo que ayuda a reproducir. No son solo sobre representaciones sino sobre la vida. Son históricas pero también una heteroglosia vital que busca evitar la forclusión (exclusión *y* rechazo) y reemplazarla no por la inclusión en el sentido moderno de la democracia sino por participación diferencial y expansión en multiplicidad. Son una forma de expansión desde abajo. ¿Qué es "un futuro coherente con el pasado", como preguntó Segato (2010: 24), si no colorear la historia desde la diferencia colonial (es decir, desde abajo)? Tal medida no está interesada en cambiar las disciplinas históricas de la modernidad (para que sean mejores, más sensibles) tanto como en cambiar el mundo.

Hace un tiempo Hugo Achugar señaló que "entre las muchas cosas que han entrado en crisis o están siendo cuestionadas se debe agregar la idea de la fundación como momento de clausura de un pasado y de comienzo de una nueva época, única e irrepetible en el tiempo" (2001: 79). Esta observación inquietante pone el dedo en la llaga: con el multiculturalismo la nación bien puede haber muerto (junto con su robustez simbólica) pero ¿no hay un nuevo momento fundacional a mano? Muchos países se complacen en la idea de forjar mosaicos culturales (como el arcoíris tan pregonado en Sudáfrica) solo para descubrir que era muy arriesgada, demasiado ambiciosa o, incluso, demasiado ambigua. Ante este hecho algunos retroceden y tratan de reingresar al jardín nacional por la puerta de atrás; eso es lo que están haciendo o intentando hacer varios países en Europa occidental, de Alemania a Holanda, de Suiza a Francia. Otros se aferran tercamente al multiculturalismo, sin realmente saber adónde se dirige. Contradictorio y errático, pero inmensamente excitante, este momento actual marcado por el surgimiento de las sociedades postnacionales puede, en realidad, ser fundacional y ser una oportunidad inimitable para que la multiplicidad crezca y se expanda. Podemos dejarlo pasar sin hacer nada (me temo que esto es lo que hacen muchos arqueólogos, ocupados, como están, con su disciplina aislada y complaciente) o contribuir para que fructifique. Esta es, al final, una opción fácil de tomar.

Paisaje con golem

Me molesta la prepotencia del patrimonio; su verticalismo; su carácter policivo, estadocéntrico; su naturalización. Corrijo: me molesta la gente que lo hace suyo, como si fuera una cuestión de propiedad y no de sentido; me molestan quienes se invisten del papel de sus guardianes, de expertos auto-designados; me molestan los museos que lo tratan como un hijo desvalido (a quien hay que proteger y custodiar), que lo despojan de su sentido histórico; me molestan quienes hablan de él sin saber, realmente, de qué hablan. Para expiar esa molestia y escribir unas notas que no estén cruzadas por el exceso emotivo empezaré hablando de golems; quizás así, por el camino de la historia y la literatura, pueda llegar a un lugar donde el patrimonio sea puesto en suspensión.

En la tradición judeo-cristiana los golems son criaturas creadas de barro y traídas a la vida a través de un acto mágico, la pronunciación del nombre secreto de dios. El golem es creado de la nada (si el barro puede ser llamado así); su origen es humano, aunque parezca divino. Alguien lo hace y lo echa a andar; así el golem adquiere vida propia. Así es el patrimonio: una creación humana, *algo* investido de sentido que, de pronto, parece vivir fuera de la órbita de sus creadores. Pero la animación ignora los orígenes: ni el padre ni el hijo quieren saber de un principio vacío. Pero otros sí quieren saber, quieren devolver el golem a su condición de tiempo y espacio. Eso quiero hacer con el patrimonio, un concepto vago no por sí mismo (su absoluta materialidad desafía cualquier imprecisión) sino porque los discursos institucionales —del Estado, la academia, los organismos multinacionales— lo rodean de un aura misteriosa tan poderosa que su comprensión, su fijación en el significado, parece ser una misión condenada al fracaso. Pero ¿no es eso lo que quieren esos discursos, elevar el patrimonio a una condición casi mística, inasible, elevarlo a una centralidad simbólica que todos tienen que reconocer y reverenciar, sin importar que su verdadero significado nos eluda? Se supone que el patrimonio es "algo" que compartimos en lo más profundo de nuestra sociabilidad, allí donde yacen los significados más esenciales, aquellos que cementan e, incluso, que crean la vida colectiva. Pero ¿dónde están esas profundidades, adónde llegan? En cualquier caso, ¿quiénes somos? ¿Cuál es la condición que nos une, cuál la naturaleza de este tipo de vínculo que nos lleva a compartir? ¿Cuál es la naturaleza del *nosotros*?

La definición de un *nosotros* preciso (claro, redondo, autocontenido) fue la tarea inconclusa de los proyectos nacionales. Aunque deliberadamente inacabado —la modernidad fue un proyecto y, por tanto, su propia naturaleza impidió su terminación—, el *nosotros nacional* fue relativamente claro: una sociedad de creyentes compuesta por individuos unificados y homogéneos que compartían una historia y un futuro. El control de un patrimonio preciso e identificable que debía ser compartido por los ciudadanos nacionales fue una parte importante de la gubernamentalidad del Estado-nación (Hall 2000). Pero la nación se hizo añicos hace tres décadas. Los tiempos actuales —postmodernos, transmodernos, post-industriales— son ahora multiculturales. ¿Qué se puede esperar ahora en términos de patrimonio, cuando la nación ha sido abandonada como idea-meta, solo para ser reemplazada por esa cosa amorfa, la sociedad multicultural? Si el nosotros nacional compartía un patrimonio porque solo había uno para compartir, heredado de/por la sociedad nacional y demarcado por el trabajo concertado de las disciplinas históricas, ¿qué tipo de patrimonio comparte el *nosotros multicultural*? ¿Una especie de patrimonio-paraguas, reconocido y aceptado por todos (sin importar la diversidad) como un bien común y bajo el cual prosperan patrimonios más específicos, limitados y exclusivos? Si es así,

¿qué significa una pluralidad de patrimonios para una idea que debió su existencia a su exclusividad? ¿La explota, la agranda, la derrumba? En suma, ¿qué significa el patrimonio actual, ahora que parece más confuso que nunca?

En este artículo quiero interpelar al patrimonio que ahora se despliega en tiempos multiculturales. No voy a intentar el esfuerzo infructuoso de fijarlo. Voy a intentar la tarea más modesta de desestabilizar su aparente estabilidad. Dos acciones salen a la palestra en este propósito: historizar el patrimonio y desentrañar la unión perversa entre patrimonio y ley. La historización lleva un largo trecho recorrido en antropología, donde tomó la forma de la introspección. Rabinow (1986) la llamó *antropologizar a Occidente*;[30] Chakrabarty (2007), *provincializar a Europa*. El propósito es el mismo: situar geohistórica y geopolíticamente una práctica, una relación, un sentido; mostrar cómo llegaron a ser, señalar su acontecimiento. Eso podemos hacer con el patrimonio: volverlo a su lugar, pluralizarlo, arrebatarlo a los expertos y al abrazo posesivo del Estado; mostrar la operación fetichista, su intención naturalizadora.[31] Historizar el patrimonio significa volver familiar lo que parece distante; localizar y cuestionar el aparato que lo fetichiza y reifica. El patrimonio no se auto-fetichiza ni auto-reifica, faltaba más. Alguien lo hace: los funcionarios de los museos, los arqueólogos, los historiadores, los miembros de las academias, los legisladores y sus decretos, los agentes del turismo y del mercado, los agentes transnacionales del universalismo humanista.

---

30 "Debemos antropologizar a Occidente: mostrar qué tan exótica ha sido su constitución de la realidad; enfatizar aquellos dominios más asumidos como universales (esto incluye la epistemología y la economía); mostrarlos tan históricamente peculiares como sea posible; mostrar cómo sus reclamos de verdad están ligados a prácticas sociales y se han convertido, por lo tanto, en fuerzas efectivas en el mundo social" (Rabinow 1986: 241).

31 Las etnografías del patrimonio han avanzado mucho en este sentido desde los trabajos pioneros de Castañeda (1996) y Bender (1998). Hamilakis (2007: 22-23) hizo una estupenda labor historicista contra la reificación del "registro arqueológico".

Luego está la cuestión del enredo entre la ley y el patrimonio, su complicidad absoluta. De hecho, un patrimonio fetichizado y reificado (nuestro patrimonio, el patrimonio de todos, el patrimonio nacional) se rinde, fácilmente, al férreo control de la ley. El aparato legal es un dispositivo de naturalización que exige olvidar que la ley es un artefacto histórico, la codificación de los deseos morales colectivos en tiempos y lugares específicos (pero no en otros). Ley y patrimonio, sin embargo, no son contérminos. ¿Qué los obliga a ocupar la misma cama? ¿Por qué el patrimonio es sometido al imperio de la ley? No solo estamos sometidos a un fetichismo amplio y abarcador de la ley sino que el fetichismo, como ley, es llevado al patrimonio. El patrimonio no se discute; se regula. La regulación (legal) establece los términos del trato. Esta vigilancia es parte del control sobre el erotismo interestamental, una operación colonial que tiene larga historia y, aparentemente, largo destino. La regulación del trato con el patrimonio se vuelve un asunto meramente técnico: define quién lo puede encontrar (el arqueólogo en la excavación, el historiador en el archivo); quién maquillarlo (el restaurador), quién exhibirlo (el museógrafo), quién vigilarlo (la policía, algunos funcionarios de agencias estatales), quién proteger los derechos humanistas (los agentes transnacionales). Este reduccionismo técnico no es operativo sino ideológico; ayuda a lograr lo que Mauricio Pardo (2013) ha llamado "régimen de culturización", es decir, la forma como las dimensiones semióticas son arrancados de las totalidades sociales —no solo retóricamente sino, también, como experiencias vividas—. En este caso la culturización arranca el patrimonio de orígenes, destinos, diferencias y luchas de poder: su historicidad es, pues, velada por su reificación.

Estos dos propósitos —historizar el patrimonio y desentrañar su relación con la ley— me guiarán a través de este artículo, que voy a empezar (in)definiendo lo indefinible. A continuación esbozo el doble papel del patrimonio en tiempos multiculturales: como mercancía y como dispositivo de gubernamentalidad. Ambas funciones son compatibles, de hecho legitimadas, por un discurso global humanista. Después sigo con los retos a la versión institucional del patrimonio, procedentes de muchos frentes y apuntando en direcciones diferentes, solo para cerrar los argumentos con una glosa de un texto de la UNESCO.

(In)definiendo lo que no se puede definir

El patrimonio es lo que heredamos y lo que debemos querer, se nos dice. En términos legales proviene de individuos identificables, por lo general establecidos por consanguinidad. Sin embargo, en el caso de la noción abstracta del patrimonio vinculado a los discursos nacionales y postnacionales esos individuos no están bien definidos, si es que están definidos. En lugar de individuos concretos heredamos el patrimonio de entidades abstractas, ancestrales, algunas de los cuales fueron, incluso, enemigas de las pretensiones nacionales —como las sociedades indígenas en la mayoría de los países de América Latina, si bien en su versión prehispánica—. Sin embargo, aunque las entidades de las que hemos heredado el patrimonio son vaporosas, por decir lo menos, los Estados y los organismos multinacionales, como la UNESCO, hace tiempo se embarcaron en la tarea de definirlo —y tal definición ha variado a través de los años, desde otorgar centralidad casi exclusiva a monumentos hasta considerar totalidades más comprensivas, especialmente manifestaciones culturales intangibles—. El acto mismo de la definición (y sus cambios históricos) debería develar su historicidad, ¿no es así? Bueno, no es así. El patrimonio es rutinariamente reificado, brutalmente sacado de la historia. Esta es una curiosa paradoja: algo que es histórico por definición (después de todo, apunta a orígenes y continuidades, a procesos temporales) es naturalizado en su elevación a símbolo nacional (y postnacional). Sin embargo, la reificación no impidió su coherencia discursiva. En efecto, los discursos nacionales sobre el patrimonio eran relativamente coherentes —tenían claro lo que era patrimonio, para qué servía, cómo excitar a los creyentes. Pero todo esto ha desaparecido—.

Si las viejas soberanías nacionales fueron destrozadas, intencionalmente, por la retórica global del multiculturalismo su reemplazo es inestable, precario. Las soberanías fragmentadas que se hicieron cargo de los estados multiculturales no están bien definidas. Por ejemplo, el dominio omnicomprensivo de los derechos individuales, la piedra angular de la modernidad, en la actualidad comparte disposiciones constitucionales y legales con los derechos colectivos, antes ignorados. La primacía otorgada a unos u otros, o su coexistencia problemática, está empañada por pluralismos híbridos, usualmente retóricos pero rara vez realizados en asuntos prácticos.[32] Es un misterio cómo estas soberanías fragmentadas dan forma a las narrativas históricas. El patrimonio multicultural (postnacional) se ha convertido en una cosa decible, incluso comprable; sin embargo, es una entidad indecible y extraña. Se cierne sobre todos pero no está en ninguna parte, a pesar de estar en todas partes gracias a su asociación con el mercado. Pero si el patrimonio contemporáneo evita ser definido —y en ese carácter elusivo radica la mayor parte de su atractivo y poder simbólico— el multiculturalismo sí es susceptible de ser fijado en su significado.

Los discursos históricos relacionados con la creación y funcionamiento de las sociedades nacionales han perdido ímpetu y significado, dada la aparición del multiculturalismo, que socava los principios fundamentales de las sociedades modernas, en especial la construcción de colectividades unificadas (sociedades nacionales) en términos de cultura, lenguaje e historia. En las últimas dos o tres décadas el multiculturalismo ha puesto en marcha cambios profundos, especialmente en lo que respecta a la organización de la sociedad, que ahora se predica en la coexistencia de grupos

---

32 Tal es el caso, por ejemplo, del pluralismo jurídico, consagrado en las Constituciones de los países que alardean de su diversidad cultural. En Colombia la Constitución promulgada en 1991 lo mencionó y exigió su realización a través de una coordinación jurídica entre el sistema legal del Estado y los de las minorías culturales. Dos décadas después, sin embargo, dicha coordinación es inexistente y las disputas legales entre los diferentes sistemas son usualmente resueltas caso por caso, por lo general recurriendo a límites territoriales y culturales.

distintos —convencionalmente cobijados con la expresión *diversidad cultural*—. Las palabras claves que ligan las reformas multiculturales son reconocimiento, autonomía y límites, especialmente con respecto a los grupos étnicos. El reconocimiento ha sido anunciado, desde comienzos de la década de 1980, como la huella más importante de la nueva sociedad. Como Charles Taylor (1993: 61) señaló, en esa época ocurrió un cambio dramático, el paso de la política de la dignidad igualitaria a la política del reconocimiento:

> Con la política de la dignidad igualitaria lo que se establece pretende ser universalmente lo mismo, una "canasta" idéntica de derechos e inmunidades; con la política de la diferencia lo que pedimos que sea reconocido es la identidad única de este individuo o de este grupo, el hecho de que es distinto de todos los demás. La idea es que, precisamente, esta condición de ser distinto es la que se ha pasado por alto, ha sido objeto de glosas y asimilada por una identidad dominante e igualitaria.

Ese reconocimiento no debía ser una simple declaración: "Pero la otra exigencia que tratamos aquí es que todos *reconozcamos* el igual valor de las diferentes culturas; que no sólo las dejemos sobrevivir, sino que reconozcamos su *valor*" (Taylor 1993: 94-95; cursivas en el original). Sin embargo, después de casi tres décadas de políticas multiculturales está claro que la exigencia de Taylor fue ignorada: la convivencia multicultural de la diversidad cultural no se ha traducido en el reconocimiento del valor de lo diferente sino, simplemente, en el reconocimiento de su existencia, que ha sido organizada y, en gran medida, aislada. Las desigualdades reales y vividas han sido enmascaradas por una diversidad fantasmática. El resultado es perversamente violento: las desigualdades insoportables aparecen como diversidades deseables.

Variando en intensidad y grado, las reformas multiculturales pretendieron asegurar o consagrar la autonomía territorial, legal, educativa, administrativa, fiscal y lingüística de grupos culturalmente diversos. Pero debido a que la autonomía dentro de las fronteras nacionales siempre fue un dilema para la teoría política moderna el multiculturalismo tomó las medidas necesarias para que no fuera una amenaza para las sociedades cohesionadas que la modernidad forjó con tanto trabajo. Como resultado, la autonomía se otorga dentro de ciertos límites. Taylor lo señaló de esta manera: "El liberalismo no puede ni debe atribuirse una completa neutralidad cultural. El liberalismo es, también, un credo combatiente. La variable tolerante que apruebo, así como sus formas más rígidas, tiene que establecer un límite" (1993: 93).

El reconocimiento, la autonomía y los límites funcionan juntos, en una relación tensa pero productiva, para construir las nuevas sociedades postnacionales. Pero un campo simbólico prominente, el de la historia, fue (aparentemente) soslayado por la reorganización multicultural. Las concesiones multiculturales establecen los límites dictados por las políticas estatales. Por eso hay bordes que no pueden cruzar ciertas autonomías: la reivindicación de autonomía nacional dentro de la nación es una de ellas; la historia es otra. La historia todavía es un campo —controlado por el Estado y por las disciplinas académicas— para el despliegue de un *nosotros* colectivo que, sin embargo, se vuelve una categoría cada vez más borrosa en tiempos multiculturales.

Si los discursos patrimoniales tenían más o menos clara su relación con el nacionalismo, ahora su casa está desordenada; si antes administraban narrativas que trataban con un Otro externo a la modernidad (el salvaje arquetípico), ahora ignoran qué clase de discursos administran cuando ese Otro ya no es exterioridad sino interioridad constitutiva. ¿Van a seguir contando la historia de un nosotros homogéneo y estático, aun cuando la alteridad se esfuerza por construirse como diferente y aun cuando florece por doquier la diversidad cultural predicada por el multiculturalismo? O, más bien, ¿van a escribir historias nuevas (múltiples, plurales) en las que los *otros* antes desterrados también estén representados, esos mismos *otros* que ahora luchan por fortalecer un lugar y un tiempo, sin importar que lo hagan reivindicando agendas abiertamente anacrónicas para la modernidad? En cualquier caso, la situación es compleja para esos discursos. Si optan por la primera posibilidad estarán afirmando que el multiculturalismo bien puede haber llegado pero que nada ha cambiado en asuntos históricos. Esa afirmación tendría apoyo del Estado, que no oculta que su aparato mnemónico está intacto[33] —una estrategia que sería anacrónica sino fuera calculada—. Si optan por la segunda, esto es, una historia múltiple y plural, sea lo que sea, estará navegando en aguas desconocidas. Eso no sería un gran problema si no fuera porque allí, en la profundidad de lo desconocido, pueden estar esperando sorpresas no deseadas. Por un lado, la multiplicidad puede significar dos cosas: o historias diferentes que viven lado a lado —lo que es una utopía ingenua, dada la operación de la hegemonía— o una historia-sombrilla, de alguna manera mimética del modelo nacional, bajo la cual florecen varias particularidades. Por otro lado, una alteridad radical bien puede querer que explote lo poco que queda de las historias nacionales; en ese caso reconstruir la totalidad destrozada sería una tarea tremenda, seguramente inútil.

Cualquiera que sea el resultado (si hay un resultado, porque el estancamiento puede ser tratado con un aplazamiento eterno) no se puede ignorar que el multiculturalismo no es un reajuste inocente de la sociedad. Ha sido ampliamente criticado por aquellos que piensan que promueve la diversidad cultural pero ignora las necesidades y expectativas de los diferentes (e.g. Žižek 1998; Hale 2002). La diversidad cultural se canaliza para satisfacer las necesidades multiculturales, sobre todo en un vacío político. La celebración de la diversidad multicultural, que estimula la proliferación de identidades locales y específicas, debilita identidades más inclusivas, unidas y fuertes. En un mundo de identidades fragmentadas, sin importar lo fuertes que sean individualmente, el sistema reina.

---

33 Los museos centrales, por ejemplo, todavía son nacionales.

El multiculturalismo organiza la diversidad cultural, nominándola y creándola desde el Estado, los organismos multilaterales, las ONG y la academia, mientras que la alteridad "real" es reprimida por su reflejo virtual. Neutraliza el activismo de lo diferente imponiéndole límites, legales y de otro tipo, y entregándolo al mercado —que la trata como simple diversidad, controlada y promovida como auténtica y pura—. La distancia entre *diversidad* y *diferencia* es la principal limitación multicultural, tanto característica como síntoma. Como si esto no fuera un problema casi insuperable el multiculturalismo está cargado de tensiones constitutivas, la más prominente de las cuales es la contradicción entre derechos individuales y colectivos y la autonomía concedida a distintas simbolizaciones de la sociedad y la vida. Aunque la autonomía se mantiene a raya usando límites no deja de ser potencialmente explosiva. La "solución" que las sociedades multiculturales han adoptado para resolver estos problemas es el aplazamiento y, cuando las circunstancias son demasiado acuciantes, la casuística. Además, desde hace tiempo se ha dicho que la postmodernidad —de la cual participa el multiculturalismo como la forma actual de organización de la sociedad— ha acabado con la conciencia histórica. De Fredric Jameson a Zygmunt Bauman, de David Harvey a Beatriz Sarlo, los teóricos contemporáneos de las (onto)lógicas culturales señalan que la tradición y la teleología son narraciones anticuadas, devaluadas por el presentismo. El pasado ha desaparecido como continuación de la experiencia y la historia solo sobrevive como fachada, no como apego significativo de las personas a los tiempos pasados. La relevancia del pasado para el presente ha desaparecido.

Así, el patrimonio en tiempos multiculturales no está ligado a identidades nacionales.[34] En su ausencia una posible identidad multicultural todavía tiene que mostrar la cara,

---

34 Hay excepciones notables a esta afirmación, sin embargo. Están vinculadas a reclamos nacionales existentes —en su mayoría en casos de confrontación territorial y cultural violenta que surgen de la dominación neocolonial, como entre Palestina e Israel y

si eso llega a suceder —a menos, por supuesto, que aceptemos que la identidad de una sociedad multicultural sea la suma de sus partes—. Tampoco puede ser vinculado a una conciencia histórica, al menos no en la forma como la concibió la nación. Sin embargo, por muy resbaladizo que el patrimonio sea hoy en día en términos de identidad y a pesar de lo lejos que se encuentra del sentido histórico parece florecer en todas partes. Jesús Martín (2000) señaló una coincidencia no fortuita: lo que llamó *boom de la memoria* (equivalente a un *boom del patrimonio*) comenzó a ocurrir justo cuando languidecía el *ethos* de la modernidad. En la publicidad y los medios abundan las referencias al pasado; los parques históricos son atracciones turísticas bien concurridas; y los agentes de la patrimonialización están ocupados en todo el mundo identificando posibles objetivos. La nostalgia vende bien. Las narrativas, los recuerdos y los *loci* (paisajes, sitios, incluso intangibles) relacionados con el patrimonio son ubicuos en un mundo que ha prescindido de cualquier referente temporal distinto al presente. Por lo tanto, si la identidad y lo histórico no están detrás del auge del patrimonio, ¿qué podemos encontrar? Dos de las fuerzas más poderosas de los últimos años, el mercado y la gubernamentalidad (sostenidos por el humanismo), a los que ahora dirigiré mi atención.

Humanismo, mercado y gubernamentalidad: los rostros multiculturales del patrimonio

El humanismo ha estado con nosotros por más de cinco siglos. Desde su origen vernáculo en el sur de Europa, se las arregló para difundir en todo el mundo sus ideas básicas: el optimismo en las capacidades de los seres humanos, especialmente en la razón, tanto que colocaron a los seres humanos en el centro del escenario (el antropocentrismo desplazó a otros seres, desde entonces confinados a un mundo

---

entre los kurdos y Turquía—. En esos casos el patrimonio puede ser importante para forjar identidades nacionales.

natural que iba a ser domesticado por la cultura); una fe ciega en la resolución pacífica de los conflictos; unidad política y consenso; debate civilizado y democracia; búsqueda de una espiritualidad generalizada (expresada en las artes y también en una comunicación íntima e interior con lo sobrenatural); los límites al poder religioso. A pesar de que estas ideas fueron puestas a prueba, sobre todo en el siglo XX, el humanismo ha sobrevivido a la catástrofe. Tanto es así que se ha convertido en la fuente no contaminada a la que el mundo debería volver para restablecer la armonía, la paz, el bienestar. Si la modernidad solo fue una promesa inacabada (y violenta) el retorno al humanismo curará todas las heridas. Esta llamada penetrante, pronunciada por seguidores tan apasionados e influyentes como Jean-Paul Sartre y Jürgen Habermas, ha impregnado los debates filosóficos de las últimas seis décadas y ha recibido una adhesión casi universal en Occidente.

A pesar de las críticas que ha recibido, tanto en la academia (Foucault 1991a) como fuera de ella (Fanon 1973), el humanismo todavía reina y lo hace firmemente en el campo del patrimonio. En efecto, si el patrimonio nacional era un símbolo de la nación y si el patrimonio multicultural no puede ser un símbolo de las sociedades postnacionales, ¿de qué es símbolo el patrimonio contemporáneo? Aquí es cuando entra en escena el humanismo: el patrimonio (sobre todo si es monumental, salpicado de exotismo y localizado en bonitos paisajes) pertenece a la humanidad en su conjunto. Una identidad humanista y universal aparece para trascender las contradicciones insuperables que el multiculturalismo planteó a las identidades nacionales. La concepción humanista del patrimonio es cocinada y transmitida por los organismos multinacionales y operacionalizada a nivel local por las instituciones estatales. Patrimonializar (volver patrimonio algo que no lo era) es una actividad humanista: asegura que los derechos de algunos (usualmente comunidades locales pobres) sean extendidos a "todos" desde un concepto de humanidad que solo puede ser logocéntrico; asegura que los recursos (biodiversidad, exotismo) sean accesibles a quienes pueden acceder a ellos (los habitantes privilegiados del Primer Mundo, sobre todo);

asegura el acceso (mercantil) de la humanidad a lo que antes eran recursos locales —alejados de la codicia mercantil y finamente entrelazados con tejidos sociales tradicionales—.

Este esbozo rápido del humanismo no estaría completo sin discutir el mercado. En el mundo de consumo masivo en el que vivimos el patrimonio es una mercancía más. Por un lado, se ha convertido en el objeto de deseo de la multimillonaria industria del turismo, que interviene en la formación de las políticas de patrimonio en todo el mundo. El patrimonio se ha convertido en una necesidad. Por otra parte, su promoción y protección (dos caras de la misma moneda) son rutinariamente presentadas como funciones del desarrollo económico que, a su vez, es una parte fundamental de la teleología del crecimiento.[35] Si los países deben crecer, tienen que identificar las áreas donde puedan hacerlo. El turismo (y sus patrimonios acompañantes) es un área que ha recibido mucha atención porque está maduro para crecer; la unión circunstancial de turistas ricos, desplazamiento rápido y el atractivo creciente de lo exótico y lo auténtico (una suerte de neobucolismo, buen sustituto vacacional del aburrimiento y el consumismo de la vida diaria en las democracias industrializadas) no ha pasado desapercibida a los emprendedores capitalistas.

La toma del patrimonio por el mercado y el humanismo se nutre tanto del exotismo como de la autenticidad. Lo auténtico, que busca ávidamente el turismo, no solo se requiere del patrimonio material; también se requiere del paisaje (humano/natural) que le da sentido y aumenta su disfrute. La exigencia de autenticidad y exotismo es, también, una "nostalgia imperialista"; los agentes del colonialismo

> [...] normalmente exhiben nostalgia por la cultura del colonizado como era "tradicionalmente" (esto es, cuando la encontraron por primera vez). La

---

35 Una paradoja postmoderna extraordinaria es la existencia de una teleología dominante (el crecimiento económico, modelado en la biología) en medio de una temporalidad no teleológica.

peculiaridad de su lamento es, desde luego, que los agentes del colonialismo suspiran por la formas de vida que alteraron o destruyeron intencionalmente... una clase particular de nostalgia, usualmente encontrada en el imperialismo, en la cual las personas deploran la muerte de lo que ellas mismas han transformado (Rosaldo 1993: 69).

Un patrimonio comercializable rodeado por el aura atractiva del humanismo también es un potente dispositivo de gubernamentalidad.[36] El patrimonio controlado e impulsado por los Estados multiculturales (con el apoyo y la legitimidad otorgada por los discursos globales) se apodera de los dominios simbólicos donde se expresan las diferencias culturales y de donde obtienen fuerza social y política. El multiculturalismo desactiva las diferencias al convertirlas en patrimonios comercializables y cosificados; al mismo tiempo, promueve la diversidad, fragmentando y despolitizando esos ámbitos simbólicos. Como Mauricio Pardo (2013) ha señalado este proceso ha sido más claramente articulado en las dos últimas décadas con la atención prestada al denominado "patrimonio inmaterial"; cuando su patrimonio es apropiado los "recién llegados desde los márgenes" son sometidos a regímenes de gubernamentalidad e "involucrados, de una manera o de otra, a la órbita del Estado y el mercado". Las expresiones locales "supuestamente pasan por revitalizaciones culturales, por procesos de democratización... pero las personas directamente involucradas en la generación de esas expresiones patrimoniales son frecuentemente marginalizadas, apartadas del control de los procesos institucionales, a pesar de su supuesto protagonismo" (Pardo 2013: 17).

La empresa conjunta de gubernamentalidad y mercado ha transformado el ámbito del patrimonio: ha acelerado el ritmo de los procesos institucionales dirigidos a convertir sitios, paisajes, alimentos y rituales en *loci* patrimoniales

---

36 Agradezco a Mauricio Pardo que llamara mi atención sobre este asunto.

de atractivo universal, listos para la industria turística; y ha solidificado la enajenación del patrimonio de la identidad, independientemente de cómo sea definida. Es ingenuo, cuando no es políticamente intencionado, hacer caso omiso de este escenario de intervenciones del mercado sobre el patrimonio histórico, respaldadas por la razón humanista. Por ejemplo, es ingenuo señalar que su guardián disciplinario más ardiente, la arqueología, ayuda a "la gente a apreciar la diversidad en el pasado y el presente y, por lo tanto, a practicar una vida más tolerante en una sociedad multicultural"[37] (Little 2012: 396). Esta exageración es una ocultación deliberada de los acontecimientos no disciplinarios que afectan a la práctica disciplinaria. Afirmar que el conocimiento de un patrimonio sitiado por el mercado ayuda a "la gente a apreciar la diversidad en el pasado y presente" y a vivir de una manera "más tolerante en una sociedad multicultural" solo sirve a los intereses abstractos de la arqueología y de las disciplinas relacionadas con el patrimonio pero ignora las experiencias vividas en sus propios términos; puede expresar buenas intenciones disciplinarias pero devela la arrogancia de los guardianes auto-designados del patrimonio y, sobre todo, muestra a las personas (por no decir al patrimonio) como aisladas de los acontecimientos que afectan a sus vidas; y da credibilidad y apoyo a la pretendida legitimidad de los discursos (post)nacionales sobre el patrimonio. Usualmente se acepta sin discusión —institucional y académicamente e, incluso, en la sociedad en general— que los Estados y las agencias multinacionales tienen el derecho (de hecho, la obligación) de proteger, promover y definir el patrimonio; este derecho va acompañado de una profunda naturalización de las operaciones institucionales sobre cuestiones patrimoniales. Sin embargo, ¿qué sucede cuando ese derecho es desafiado, cuando es enfrentado por concepciones alternativas sobre la historia, el pasado, los antepasados, desde prácticas locales que socavan los discursos globales?

---

37 Algo similar señaló Trouillot sobre la antropología: "Hasta hoy los antropólogos siguen diciendo a sus estudiantes y a los lectores legos que su práctica es útil para 'entendernos' mejor pero sin precisar, jamás, las especificidades de este entendimiento" (2011: 60).

La caída de la casa del patrimonio (como lo "conocemos")

Lo que Smith (2006) llama el "discurso autorizado del patrimonio", sostenido por dinámicas de inclusión y exclusión vigiladas por los discursos institucionales, ha sido confrontado desde la base, revelando que las concepciones nacionales y postnacionales de patrimonio solo pueden imponerse con una alta dosis de violencia —simbólica y de otra clase—. Diferentes concepciones de patrimonio —diferentes concepciones del pasado, del tiempo, de la vida— ahora se despliegan en escenarios altamente politizados caracterizados por posturas e instituciones antagónicas. Un cuerpo creciente de literatura documenta la lucha por sitios y narraciones claves y el posicionamiento diferencial de los actores involucrados; esa literatura muestra la manera como las comunidades locales confrontan al aparato institucional (museos, arqueólogos, organismos multilaterales). Cojtí (2006), por ejemplo, ha mostrado cómo las comunidades indígenas en Guatemala desafían la apropiación estatal del patrimonio Maya, beneficiando la política nacionalista de las elites, así como el mercado turístico internacional.

Sin embargo, es innegable que un patrimonio comercializable es atractivo, especialmente (como sucede tan a menudo) cuando los pueblos que viven en o cerca a sitios o paisajes patrimoniales son indigentes. En las situaciones en las que esos pueblos indigentes acuden al patrimonio y al mercado[38] con ansiedad la relación es bastante desigual, una iteración de épocas coloniales. Al menos esos pueblos deben saber, de antemano, cuáles pueden ser las consecuencias. Deben saber que la solidaridad

---

38 Un caso paradigmático en Bolivia puede verse en Gil (2010). Este caso y muchos otros muestran que las comunidades locales participan de este proceso compartiendo con un público amplio lo que consideran su propio patrimonio. Sin embargo, ese compartir humanista en presencia del mercado es problemático, en el mejor de los casos.

comunitaria, no importa cuán frágil, puede peligrar, tanto como las formas tradicionales de vivir y de relacionarse. La creación de redes locales de información y activismo para contrarrestar las políticas patrimoniales globales, en su mayoría ajenas a las necesidades, expectativas y cosmovisiones de las comunidades locales afectadas, podría ser un paso importante en esta dirección, cuyo objetivo final sería el posicionamiento de concepciones alternativas del patrimonio y el pasado.

Hay mucho que aprender de la manera como la gente situada fuera de las puertas vigiladas del conocimiento disciplinario se relaciona con el tiempo, la materialidad y la vida. La creciente oposición a la concepción humanista/capitalista del patrimonio —propugnada por la arqueología, la UNESCO, las ONG, las agencias gubernamentales— no puede ser ignorada y debe tenerse en cuenta. Esta oposición ha sido más claramente articulada por organizaciones de base que no solo se ocupan de los problemas que la ola patrimonial incontrolada puede causar en las comunidades locales sino, también, de formular alternativas al turismo masivo, las políticas patrimoniales verticalistas y el frecuente rompimiento de los lazos sociales.[39] Esa oposición muestra, con creces, que la concepción institucional del patrimonio es demasiado paternal, demasiado androcéntrica, demasiado discurso de Estado y de expertos. El verticalismo policivo y disciplinario parece haber contaminado para siempre a la palabra, haberla conducido por un camino que muchos no reconocen. A veces los creadores de los golems reconocían —con ternura, con horror— que los homúnculos que crearon se habían apartado del plan original (ese azar es el

---

[39] Cusco (Silverman 2006) y la Quebrada de Humahuaca (Bergesio y Montial 2008; Angelo 2010), ambos en la Lista del Patrimonio Mundial, son buenos ejemplos: la especulación inmobiliaria arrincona a los antiguos propietarios y el turismo los funcionaliza como proveedores artesanales y como parte del paisaje auténtico que los turistas buscan con avidez para exotizar su experiencia del afuera.

origen de las historias sobre Frankenstein). Borges retrató el asunto en uno de sus poemas más bellos:

> El rabí lo miraba con ternura
> Y con algún horror. ¿Cómo (se dijo)
> Pude engendrar este penoso hijo
> Y la inacción dejé, que es la cordura?
>
> ¿Por qué di en agregar a la infinita
> Serie un símbolo más? ¿Por qué a la vana
> Madeja que en lo eterno se devana
> Di otra causa, otro efecto y otra cuita?

¿Abandonamos el patrimonio, entonces, ese golem de pronto historizado? ¿Cambiamos de nombre? Poco habríamos hecho porque no se trata de una palabra sino de un concepto. Hablemos en otros términos, entonces. El proceso que llevó a la elevación del patrimonio a su estatus de golem significó una grave ruptura ontológica entre el fenómeno y su contexto. ¿Qué hacer con el concepto? Una vez nació y adquirió vida propia, independientemente del contexto de su creación (la modernidad, ávida de pasado), el patrimonio tomó una trayectoria particular. ¿Podemos corregirla? Una historia que oí hace poco en el sur de Costa Rica, la zona de las esferas de piedra del delta del Diquís que el Estado quiere volver patrimonio de la humanidad, puede ser parte de la respuesta. Se trata de la historia de una esfera perdida que va, más o menos, así: en una laguna de la región hay una esfera que pocos han visto pero cuya existencia se conoce de tiempo atrás. También se sabe que cuando aparezca ocurrirá una gran transformación. Hace años empezó a aflorar. Los caciques consultaron a los espíritus y éstos les indicaron taparla, ocultarla de la luz, de la mirada, del acontecimiento. Las interpretaciones difieren con respecto a lo que pasará en adelante: algunos aún esperan encontrarla como señal de tiempos de prosperidad. Otros, a la guisa milenarista, creen que cuando la esfera se encuentre todo habrá terminado. Esta historia es una poderosa metáfora para pensar y sentir, para aceptar que el patrimonio no es un asunto de expertos distanciados sino de vidas reales y lazos sociales. Es una buena metáfora para pensar de nuevo el patrimonio, para confrontar su aparente solidez institucional —nacida, cómo no, de la violencia retórica—. En *Alicia a través del espejo* Lewis Carroll hizo decir a Humpty Dumpty:

> "Cuando uso una palabra", dijo Humpty Dumpty con un tono bastante soberbio, "esa palabra significa, exactamente, lo que yo quiero que signifique... ni más ni menos". "El tema es", dijo Alicia, "si puedes hacer que las palabras signifiquen tantas cosas diferentes". "El tema es", dijo Humpty Dumpty, "Quién es el que maneja las palabras... nada más".

¿Nada más? Pero supongamos que un patrimonio multicultural es, de hecho, un patrimonio plural. Si un patrimonio plural, horizontal y abierto significa algo distinto del inofensivo pluralismo relativista puede encontrarse en la lucha por una alteridad radical. Rita Laura Segato escribió en este sentido:

> La lucha de los movimientos sociales inspirados en el proyecto de una "política de la identidad" no alcanzará la radicalidad del pluralismo que pretende afirmar a menos que los grupos insurgentes partan de una conciencia clara de la profundidad de su "diferencia", es decir, de la propuesta de mundo alternativa que guía su insurgencia. Diferencia que aquí entiendo no con referencia a contenidos substantivos en términos de "costumbres" supuestamente tradicionales cristalizadas, inmóviles e impasibles frente al devenir histórico sino como diferencia de meta y perspectiva por parte de una comunidad o un pueblo (2007: 18).

La radicalización de la Otredad significa la liberación de su fuerza, contenida por las redes de la diversidad cultural. Significa pensar la Otredad en su devenir, no como una categoría subalterna fija, marcada y subyugada sino como una categoría dinámica comprometida con desestabilizar lo que se había convertido en estable y normal. Debido a que vivimos en mundos naturalizados —creados por la hegemonía cultural, social, política y económica de un sistema, una clase, una ontología— tratar de habitar mundos desnaturalizadas no es fácil pero ciertamente no imposible. Primero tenemos que hacer esos mundos, liberando el campo discursivo de la omnipresencia de Humpty Dumpty. Así, una estrategia de oposición a la toma capitalista del patrimonio está a mano, después de todo. Implica (a) historizar el concepto y, seguramente, reinventarlo; y (b) actuar desde lo que Gustavo Esteva llamó "formas posteconómicas" (1996: 73) que pasan por la constitución de redes de conocimiento y acción, "coaliciones de ciudadanos para la implementación de controles políticos en la esfera económica al reinsertar las actividades económicas en el tejido social". Ese trabajo en red tiene que entender cómo las actuales políticas globales del patrimonio se realizan a nivel local; puede hacerlo mediante la descripción de cómo los diferentes actores (comunidades, arqueólogos, historiadores, instituciones del patrimonio a nivel nacional y transnacional) y las narrativas chocan o se articulan en torno a varios significados del patrimonio, algunos de los cuales son decididamente contra-hegemónicos.

Si alguna vez surge un patrimonio multicultural tendría varios colores e invitaría diversas lecturas. Como Stuart Hall dijo una vez con respecto a Gran Bretaña:

> El patrimonio debería revisar sus propias concepciones y reescribir los márgenes en el centro, el exterior en el interior. Esto no es tanto una cuestión de representar el "nosotros" como representar, de forma más adecuada, el grado en el cual "su" historia nos implica y siempre nos ha implicado a través de los siglos, y viceversa (2000: 10).

La tarea primera y principal es, por lo tanto, la redefinición de la postnación desde las diferencias hacia arriba y no desde las diversidades hacia abajo.

Coda: glosa breve a un texto de la UNESCO

Un informe de 2004 de la UNESCO sobre el impacto del turismo en Luang Prabang, un sitio Patrimonio de la Humanidad en Laos, tiene un prólogo casi increíble (ingenuo, contradictorio, brutalmente honesto) que quiero citar en longitud y comentar a fondo porque es un resumen perfecto de los temas que he tratado en este texto. Voy a ser generoso con las cursivas:

> El patrimonio de Asia y el Pacífico está en peligro. El paso del tiempo y los efectos de las condiciones climáticas adversas hacen que los lugares de la cultura y la tradición, ya frágiles, sean cada vez más vulnerables. Cuando estos factores se combinan con la negligencia, la falta de mantenimiento, el inadecuado apoyo financiero, el desarrollo urbano no regulado y el crecimiento exponencial del turismo *la supervivencia de los lugares más especiales de la región está en riesgo*.
>
> Sitios arqueológicos, monumentos históricos, ciudades y pueblos tradicionales, paisajes culturales, artesanías, rituales, música tradicional y artes escénicas, todos están en peligro de extinción. ¿Cómo ha sucedido esto? ¿Y qué se puede hacer para *evitar que el patrimonio cultural de la región de Asia y el Pacífico desaparezca*?
>
> Tanto el patrimonio físico como las expresiones intangibles de la historia y cultura de la región son ampliamente reconocidos por ser de un valor incalculable para sus ciudadanos. La herencia de Asia y el Pacífico es también de gran interés y atractivo para los visitantes. *Es sobre la base de este atractivo que la industria turística de la región se funda y florece*. Mientras que el valor de los recursos patrimoniales de las culturas de la región Asia-Pacífico es incuestionable este reconocimiento no es siempre, ni siquiera frecuentemente, traducido en acción para salvaguardar el patrimonio de la

descomposición, degradación o uso excesivo. Con demasiada frecuencia el turismo ha sido el agente involuntario responsable de la aceleración de la caída del patrimonio de la región.

En el mejor de los casos *el turismo puede generar los recursos financieros necesarios para invertir en la rehabilitación de edificios históricos y áreas de conservación. El turismo puede ayudar a revivir las tradiciones que mueren o se pierden, las artes y las prácticas culturales, y puede proporcionar el ímpetu para que los artesanos continúen con sus artesanías tradicionales. El turismo también puede proporcionar nuevas oportunidades de sustento para un gran número de personas de las comunidades locales.* Lamentablemente, *estos efectos positivos* son, a menudo, negados por los *efectos destructivos, pero no intencionales, del turismo que roban a una comunidad de sus herencias ancestrales, socavan los valores culturales tradicionales* y modifican el carácter físico de un destino turístico a través del desarrollo y la infraestructura inapropiados.

Con el fin de garantizar que las generaciones futuras puedan tener acceso a su *patrimonio auténtico* y, al mismo tiempo, proporcionar la razón y la motivación para que los visitantes sigan queriendo visitar la región de Asia y el Pacífico todos los interesados deben trabajar juntos de manera efectiva para salvaguardar la variada gama de recursos patrimoniales que existen en la región. El turismo puede —de hecho, el turismo debe— convertirse en un socio y una fuerza impulsora para *la conservación del patrimonio cultural y natural, tangible e intangible*, de Asia y el Pacífico. Si el turismo no contribuye a la preservación de los ambientes, culturas y tradiciones de la región entonces no habrá lugar para el turismo en el desarrollo futuro de la región (UNESCO 2004: vii-viii).

Lo que más me sorprende en este texto es el reconocimiento explícito del turismo como eje rector del patrimonio. Es tanto su entusiasmo que pasa por alto una tautología insalvable: el turismo puede generar los ingresos necesarios para la protección del patrimonio que, al final, está al servicio del turismo. El turismo también puede "ayudar a revivir las tradiciones que mueren o se pierden, las artes y las prácticas culturales" y puede "dar el impulso necesario para que los artesanos continúen con sus artesanías tradicionales… [y] las oportunidades de sustento para un gran número de personas en las comunidades locales". Esta lamentable ingenuidad trata las tradiciones, las artes, las artesanías y las prácticas culturales como meros epifenómenos que se pueden volver a representar (para los turistas, por supuesto) en un vacío social y político; no dice nada sobre la incidencia negativa y destructiva del turismo sobre las comunidades locales —sobre sus vínculos sociales, sobre sus ontologías, sobre sus formas de relacionamiento—.

El texto también reconoce que el turismo puede "robar a una comunidad sus herencias ancestrales" y "socavar los valores culturales tradicionales". Los impactos del turismo sobre las personas pueden ser tan devastadores que ahora la UNESCO exige consultar con los habitantes locales en los procesos de nominación a la Lista del Patrimonio Mundial, una medida que cumple con el artículo 6 del Convenio 169 de la OIT: "Los gobiernos deberán… consultar a los pueblos interesados, mediante procedimientos apropiados y, en particular, a través de sus instituciones representativas, cada vez que se prevean medidas legislativas o administrativas susceptibles de afectarles directamente". Aunque este puede ser considerado como un paso en la dirección correcta (la dirección de la justicia social), la consulta no es una panacea. Cuando se implementa en proyectos de desarrollo en los que están en juego grandes cantidades de dinero (y, como era de esperar, en los cuales están implicadas las empresas multinacionales), la consulta puede ser un simple simulacro de respeto y democracia cuando en realidad solo es una formalidad asediada por la corrupción y las amenazas.

En conjunto, sin embargo, lo que importa en el texto es el patrimonio, no las personas. Lo que más importa es el impacto destructivo del turismo sobre los sitios y los monumentos. Es este tipo de razonamiento, precisamente, el que puede ser contrarrestado desde una oposición a la concepción dominante del patrimonio.

~~Excavando~~ arqueologías alternativas

Excavar es una actividad física —agotadora, hecha con cuidado, sujeta a un entrenamiento riguroso— central a la práctica arqueológica. Sin embargo, su carácter empírico (el de una actividad que requiere habilidades corporales tanto como control mental) esconde otra de sus facetas: excavar también es un tropo poderoso, íntimamente ligado al de un pasado enterrado. De hecho, es precisamente allí, en la relación enredada de esos dos tropos, que la importancia, relevancia e, incluso, singularidad de la arqueología están predicadas: otorga acceso al pasado (por medio de la excavación), mucho más que las historias basadas en documentos porque alcanza una mayor profundidad temporal. Los arqueólogos todavía se aferran a la idea de que la arqueología está en una posición única para dar cuenta de la profundidad temporal y, por lo tanto, de variaciones y cambios (pero también de continuidades) que no están disponibles al arsenal teórico y metodológico de otras disciplinas sociales. La pesada presencia de la profundidad temporal en la especificidad de la arqueología solidifica la preeminencia metafísica de excavar.

Un consenso (no tan) roto

El consenso sobre la arqueología (sobre su naturaleza, su propósito, sus medios de evaluación), pacientemente construido por el programa científico desde la década de 1960, fue destrozado dos décadas después por la emergencia de programas disidentes dentro de la disciplina y por el enfrentamiento de los subalternos. Las víctimas del destrozo fueron la objetividad y la higiene epistémica, legados positivistas de los cuales la disciplina comenzó a tomar distancia desde entonces, aunque de mala gana. Sin embargo, permanece un fuerte consenso alrededor de dos objetos discursivos robustos, que entonces se convirtieron en el núcleo más estable de la arqueología: la *excavación* como el medio más legítimo para capturar la *materialidad* del pasado. Los tropos de la excavación y la materialidad del pasado son tan fuertes que su existencia parece estar más allá de cualquier cuestionamiento. Simplemente *son*.

La arqueología se basa en la idea compartida de que el pasado está enterrado y de alguna manera cifrado/codificado en las cosas. El secreto del gremio —cuyo acceso otorga privilegios y un sentido corporativo y cuyo entrenamiento es la *raison d'être* del aparato institucional— es cómo descifrar el pasado que está enterrado y codificado; en suma, cómo *descubrir* los significados enterrados. El desempeño adecuado de descubrir/decodificar es la clave del juego. El significado otorgado a dicha adecuación ha cambiado con los años, desde el sentido común no regulado a los protocolos científicos altamente ritualizados. El movimiento más importante (revolucionario) en la arqueología en las últimas tres o cuatro décadas ha sido llevar gente viva (o sus *culturas*, como sean definidas) a incidir en la hermenéutica arqueológica. Las distintas versiones de la etnoarqueología se articulan con ese movimiento, así como las llamadas arqueologías alternativas, no importa cuán dispares puedan parecer. Los procedimientos para descubrir/decodificar han cambiado; en contraste, permanecen inalterables la definición y el significado de lo que está cubierto/codificado y por lo tanto, a la espera de ser descubierto/decodificado por el bien del conocimiento arqueológico —o, como los arqueólogos prefieren decir, por el bien de la humanidad—. Este último, el conocimiento arqueológico, está completamente naturalizado.

Cualquier historia mínima de la disciplina tendría que postular que el consenso científico fue destrozado hace algunas décadas. Pero, ¿realmente ocurrió así? ¿Fue destrozado algo que conserva su núcleo ontológico y metafísico? ¿Fue destrozado algo (la arqueología) que sobrevive gracias a su asociación abierta con la ontología de la modernidad, apoyado por el tropo del descubrimiento?

Goya y la mirada moderna

Dos retratos del pintor español Francisco de Goya, *La maja vestida* (*Figura 2.a*) y *La maja desnuda* (*Figura 2.b*), encarnan la mirada moderna y señalan su obsesión con descubrir, desnudar y despojar. El tránsito de la maja vestida a la maja desnuda indica la estrategia de la modernidad (la de la ciencia): la maja desnuda encarna la verdad de lo que se expone a la mirada en su realidad absoluta. El

Figura 2a - *La maja vestida*, de Francisco de Goya. Museo del Prado.

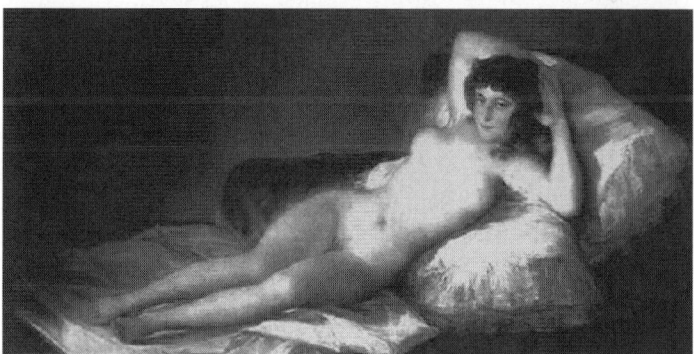

Figura 2b - *La maja desnuda*, de Francisco de Goya. Museo del Prado.

movimiento hacia atrás, hacia la maja vestida, solamente oculta: la verdad antes expuesta es secuestrada y llevada a lo invisible, donde deja de ser real para convertirse en ideología. La idea del desnudo como revelación tiene una larga historia en el pensamiento moderno y supone la diferencia entre un mundo real y uno ilusorio. La genealogía de despojar, desnudar y descubrir apunta a la Ilustración como un momento trascendente de la tradición judeo-cristiana; a partir de entonces la capacidad de exponer lo que está enterrado se convierte en el centro de operaciones del conocimiento moderno.

Desde Kant (1964) el argumento central de la Ilustración ha sido la oposición entre la luz y la oscuridad —y sus dicotomías acompañantes: bueno/malo, libre/sometido, conocimiento/ignorancia—. Cuando Kant (1964) se vio abocado a señalar un lema para la Ilustración propuso *sapere aude* (atrévete a conocer); con eso quiso indicar que los seres humanos podrían pasar de la tutela al libre albedrío por la iluminación, esta vez no divina (la luz que desciende de los cielos a los seres humanos) sino completamente humana (la luz que ilumina la oscuridad por el uso consciente y responsable de la razón). Dios muere en el mismo momento en que los seres humanos toman la luz en sus propias manos. Lo mismo sucede con un pasado, sellado y modelado en la arquitectura del cosmos, el arte supremo de Dios. Ahora el pasado es algo que se encuentra en su materialidad y su sentido algo que debe ser descubierto. El pasado pasa a ser una entidad que se puede conocer por los sentidos, comandados por la razón, y deja de ser algo revelado por la palabra divina.

Con estos argumentos a mano es fácil ver qué hacen los arqueólogos —y por qué—. La arqueología heredó la mirada moderna: el equivalente arqueológico de desnudar, descubrir y despojar es excavar. El pasado está enterrado, dicen los arqueólogos, y sus vestigios (sus huellas, sus restos) son materiales. Para conocer el pasado (que yace enterrado en la oscuridad en su encarnación material) hay que exponerlo, despojarlo, desnudarlo, iluminarlo, es decir, excavarlo. Los arqueólogos excavan porque el pasado está allí, en algún lugar, en su forma material: enterrado. La única manera de revivir el pasado (es decir, hacerlo real) es a través de su salida a la luz por medio de la excavación. Predicado sobre estos hechos no es sorprendente que el nivel más elevado del negocio arqueológico sea saber dónde excavar para recuperar el pasado enterrado. Incluso los hallazgos superficiales contribuyen a ese propósito: si se recuperan de una manera adecuada informan sobre el pasado material como era cuando estaba enterrado.[40]

Llegar debajo de la superficie es la condición que otorga la etiqueta arqueológica a las cosas. Considere la bien conocida distinción que propuso Michael Schiffer (1972) entre contexto sistémico y arqueológico; Schiffer utilizó este último concepto para describir "los materiales que han pasado a través de un sistema cultural y que ahora son objeto de investigación de los arqueólogos" (Schiffer 1972: 157). A pesar de que no especifica que el contexto arqueológico está enterrado, todo el texto es un comentario a esa declaración implícita. De otra manera, ¿cómo podemos aceptar que el contexto sistémico defina elementos que participan en un sistema de comportamiento mientras que el contexto arqueológico lo hace con "materiales que han pasado a través de un sistema cultural"? Los elementos de un contexto arqueológico de alguna manera han sido separados de un sistema de comportamiento por descarte intencional o accidental; están, por lo tanto, lejos del mundo

---

40 La condición de los elementos superficiales es muy particular en este sentido porque están en un curioso umbral metafísico: técnicamente pertenecen al *contexto sistémico* pero informan sobre el *contexto arqueológico* —estoy usando los términos propuestos por Schiffer (1972)—. El punto relevante para mi argumento, sin embargo, es que a pesar de que su condición particular parecería sustraerlos a las excavaciones, no sucede así. Los arqueólogos tratan los elementos superficiales como si estuvieran enterrados, imaginando cómo eran y cómo estaban localizados antes de que fueran desplazados de su yacimiento arqueológico. Los elementos superficiales también son excavados —las técnicas actuales para la "correcta" recuperación de los elementos superficiales son iguales a las de cualquier excavación—.

de los vivos —ya han "pasado a través de un sistema cultural" y ya no pertenecen a un "sistema de comportamiento"—. ¿Cómo vuelven a entrar a un contexto sistémico, es decir, a un nuevo sistema de comportamiento? Sólo hay una manera: sacándolos del contexto arqueológico, excavándolos. El productor definitivo de esta operación es el arqueólogo. (No en vano, según Schiffer, los elementos de un contexto arqueológico "ahora son objeto de investigación de los arqueólogos").

No hay duda: los arqueólogos excavan. Se vuelven parte del gremio cuando saben dónde y cómo excavar. La experiencia del trabajo de campo (plenamente legitimado por la excavación) es la ocasión esencial, la fuente, de la *arqueologidad* —el sentido de ser arqueólogo—. Pero esa experiencia es despojada de su sentido de acontecimiento y reificada como *encuentro* con el pasado como si este fuese algo externo a los sujetos y no producto de su interrelación. ¿Por qué no ver el campo de una manera distinta, lejos de la naturalización que produce el aprendizaje del oficio? Dos de los críticos más articulados de la ontología fundacional de la antropología, Johannes Fabian (1990) y Michel-Rolph Trouillot (2011), pusieron de relieve la reificación del *campo* —ese lugar icónico donde se realiza el *trabajo de campo*— como la operación discursiva antropológica más aceptada, la fuente más legítima de entendimiento antropológico. El *campo* reificado (vaciado de cualquier carácter histórico-contextual) es el lugar donde el antropólogo encuentra al salvaje y donde las interacciones intersubjetivas son traducidas en distancia profesional. De igual manera, el trabajo de campo del arqueólogo y la excavación son el lugar y la operación reificados que permiten el hallazgo de un pasado también reificado. Además, las excavaciones arqueológicas están rodeadas de proscripciones legales. En muchos países, como Colombia, el acto de excavar está definido, controlado y castigado por normas institucionales promulgadas por el Estado, aplicadas por sus instituciones policiales (como el ICANH) y disfrutadas por los arqueólogos, esos extraños individuos que medran en otra potente reificación, lícito/ilícito, que esconde la historicidad de cualquier sentido moral. Autorizar a los arqueólogos para que excaven, al mismo tiempo que se prohíbe a otros hacerlo, solo busca asegurar el acceso de los profesionales al patrimonio, otra entidad reificada.

Así se despliega una larga cadena de reificaciones.

Si la arqueología está predicada sobre la idea de que el pasado está enterrado el entendimiento que ofrece está necesariamente amarrado a su excavación. Los dispositivos arqueológicos productores de verdad son equivalentes a excavar capas de significado. Cualquier discusión sobre la modernidad de la arqueología tiene que luchar con el hecho, simple y escueto, de que la excavación es el tropo maestro de las operaciones disciplinarias. La excavación descubre verdades objetivadas en cosas que eluden el tiempo —incluso la teoría de formación pretende aislar las huellas *verdaderas* de las añadidas (e.g., Sullivan 1978)—. Las verdades/cosas reveladas por la arqueología pertenecen a una ontología esencialista. Curiosamente, sin embargo, las versiones postmodernas de la arqueología que postulan que el significado histórico es contextual participan de esa ontología: las cosas arqueológicas todavía son el camino a las verdades disciplinarias (no importa qué tan débiles, provisionales, estratégicas e, incluso, políticas sean) gracias a su descubrimiento por medio de la excavación. Esta cohabitación del constructivismo postmoderno con un esencialismo más antiguo no es una curiosidad sino una tensión que expone el núcleo moderno de la disciplina y la debilidad filosófica de muchos ataques en su contra. Las arqueologías alternativas (prácticas disciplinarias supuestamente desligadas de intereses y controles modernos) también son presa de este hecho, como mostraré más adelante.

Al igual que sucede con las ideologías, de las que no podemos escapar pero sí hablar *a través* de ellas (Hall 2010: 299), también podemos hablar *a través* de la excavación. Ni catarsis ni higiene, hablar a través de la excavación es una estrategia para ver: nos permite entender cómo ha sido central en la construcción de la estructura metafísica y ontológica de la arqueología; nos permite ver con nuevos ojos, ver de nuevo. Los mitos son buenos lugares para evaluar cómo puede desenvolverse esta nueva mirada. Los mitos que subyacen a la modernidad son totalizantes y resistentes al tiempo y postulan que la oscuridad reina en lo profundo, la luz en la superficie. El mito de Orfeo y el de la caverna expuesto por Platón en *La República*, son buenos ejemplos. Orfeo pierde a Eurídice, quien lo sigue fuera del inframundo, porque él traiciona la atracción de la luz y mira de nuevo la oscuridad, donde ella permanece. El oscuro inframundo se muestra como el opuesto triste y trágico de la luz, donde la felicidad y la satisfacción son posibles. En el mismo sentido, en el mito de la caverna Sócrates señala que

> […] en la región de lo conocible la última cosa que puede ser vista, y con un esfuerzo considerable, es la idea del bien; pero una vez vista se debe concluir que es, de hecho, la causa de que las todas las cosas sean correctas y bellas —en el reino de lo visible es el origen de la luz y su soberano; en el reino de lo inteligible, también soberano, otorga verdad e inteligencia— y de que el hombre que va a actuar con prudencia, en privado y en público, debe verla (Platón 1993: 327).

Los mitos construyen ontologías. El mito de la modernidad (la modernidad como un mito) es potente y duradero y ha naturalizado el carácter histórico de sus conceptos. Postula, de manera central, la luz como proveedora de conocimiento, libertad y verdad. La excavación, como extensión de este significado robusto, es el recurso definitivo a través del cual el pasado como materia sale a la luz para ser decodificado como verdadero. Por eso no es sorprendente que un arqueólogo africano escribiera que...

> *Sólo excavando* las conceptualizaciones de las sociedades africanas rurales y urbanas, especialmente como se expresan en las fuentes históricas orales y etnográficas, podemos tener acceso al tejido de los sistemas de conocimiento africanos… Comprender esos sistemas de conocimiento es una base sólida

para el aprendizaje de los planes sociales y ambientales y los diseños de las poblaciones del pasado y para la formulación de acciones para la planificación social y ambiental de hoy (Andah 1995: 173; añadí las cursivas).

¿Debemos entender este "sólo excavando" metafóricamente ya que alude a "las fuentes históricas orales y etnográficas"? Incluso si aceptamos su uso metafórico, ¿cuál es el significado de "excavar" si no el hallazgo de lo que está enterrado?

Otro asunto surge cuando examinamos otras ontologías. En la mitología de muchos pueblos amerindios andinos el cosmos está organizado en tres niveles. Una división de un mundo superior, este mundo y el mundo de abajo es bastante frecuente. Aunque puede ser sincrética con el dogma cristiano, también se aparta de él: el mundo de abajo (donde residen los espíritus y los antepasados, entre otros seres) está siempre en contacto con *este mundo*, principalmente a través de cuerpos de agua (lagos, ríos, cascadas). No tiene que ser descubierto para *ser*. Los seres del inframundo están vivos; su carácter de abajo-de-este-mundo no equivale a estar muertos. Esto también se extiende a otros ámbitos simbólicos. En las luchas étnicas de las últimas tres décadas la recuperación de la cultura ha sido fundamental. Los seres que habitan el mundo de abajo se convierten en proveedores culturales a través de la mediación de los chamanes. El significado de *recuperación* es fundamental para las agendas étnicas ya que implica recobrar lo que ha sido quitado, sobre todo por el entramado moderno/colonial. Hay una gran diferencia entre *recuperar* y *excavar*: el primero implica recobrar lo que ya está vivo; el segundo se refiere a la materia muerta, animada únicamente por procedimientos hermenéuticos. Así, en muchas ontologías no modernas la relación con el pasado, con los ancestros, no está mediada por procedimientos que develan-desnudan-excavan. Por eso hay poderosas razones ontológicas para rechazar la excavación. En una investigación en la que participé con una comunidad nasa del suroccidente de Colombia relacionada con *lo arqueológico*, pero abordada desde una ontología no moderna, la excavación no se contempló como una forma de encontrar a los antepasados. Cuando se caminó el territorio los chamanes tenían los ancestros hablando a través de sus huellas visibles —que, de acuerdo con los relatos modernos, siempre han estado a plena luz—. Esta mitología permite ver y sentir de otra manera. En lugar de la obsesión moderna por la luz y el desvestir se deleita en encontrar lo que nunca ha estado en la oscuridad. Por eso puede ser catalogada como una forma alternativa de ver porque al tomar distancia de la mitología moderna se posiciona en otro lugar en el horizonte de la mirada. ¿Puedo decir lo mismo sobre las arqueologías alternativas que han emergido en las últimas décadas?

¿Arqueologías alternativas?

Las arqueologías alternativas se apartan de los principios disciplinarios más importantes; incluso, pueden ser vistas como un desafío a la hegemonía disfrutada por la arqueología durante tanto tiempo, una dominación construida sobre un consentimiento hoy hecho añicos. Las perspectivas feministas e indígenas han sido señaladas como las propuestas disidentes más destacadas en la disciplina y han sido etiquetadas como arqueologías alternativas cuando se desarrollan como programas sólidos de investigación. Pero, ¿realmente se apartan de la arqueología moderna, desafiando su dominación? ¿Son realmente alternativas? Una manera de esbozar una respuesta es mediante la evaluación de sus puntos de vista metafísico y ontológico. De este modo es posible ver que, frecuentemente, las arqueologías alternativas retienen los principios modernos de la práctica disciplinaria, como la excavación.

Consideraré el caso de las llamadas arqueologías indígenas (Watkins 2000; Smith y Wobst, eds., 2005), que aceptan la idea de la excavación-descubrimiento de un pasado material enterrado, dispuesto a ser decodificado por ojos entrenados en hermenéuticas esotéricas. Surge, entonces, una pregunta inquietante: esas arqueologías alternativas que retienen los principios centrales de la modernidad ¿son alternativas a qué? Pueden apartarse de ciertas prácticas arqueológicas, especialmente coloniales, pero aceptan los principios fundacionales de la disciplina —aunque posicionan sus propias agendas—. Incluso ofrecen disolver dicotomías radicales: "La arqueología indígena quizás está en una posición única para desafiar, creativamente, las categorías hegemónicas y para desman-telar marcos binarios, como 'indio' y 'arqueólogo'" (Colwell-Chanthaphonh *et al.* 2010: 231).[41] A pesar de las buenas intenciones hacer desaparecer una dicotomía importante para la confrontación anticolonial unifica y solidifica a la arqueología al hacerla más democrática. Las categorías hegemónicas no serán desafiadas desmantelando esos marcos binarios (lo que en principio, pero solo en principio, sería una estrategia antimoderna); serán reforzadas. Si la dicotomía indígenas-arqueólogos fue excluyente e irreconciliable hasta hace poco, la arqueología indígena busca disolverla. Reconociendo esta posibilidad no es sorpresivo que los arqueólogos corran felices al encuentro multicultural y ofrezcan códigos de ética (como los de la Canadian Archaeological Association, Australian Archaeological Association y World Archaeological Congress) que establecen, como prioridad, la formación de arqueólogos nativos y el reclutamiento de indígenas como arqueólogos profesionales. De acuerdo con Nicholas la arqueología indígena tiene una o más de las siguientes características:

> (1) La participación activa o la consulta de los pueblos indígenas en arqueología, (2) una declaración política preocupada por asuntos de autonomía, soberanía, derechos sobre la tierra, iden-

---

41 Un argumento similar fue ofrecido por Paul Lane. En su opinión una forma para avanzar una arqueología genuinamente colaborativa es abandonar "la distinción implícita entre sistemas de conocimientos 'arqueológico' y 'local'/'indígena' porque solo sirve para reforzar una distinción falsa entre sus respectivas fortalezas en escalas globales y locales de aplicación" (2011: 17).

tidad y patrimonio aborigen; (3) una empresa postcolonial diseñada para descolonizar la disciplina, (4) una manifestación de las epistemologías indígenas; (5) la base para modelos alternativos de gestión y custodia del patrimonio cultural; (6) el producto de decisiones y acciones realizadas por arqueólogos específicos; (7) un medio de empoderamiento y revitalización cultural o resistencia política; (8) una extensión, evaluación, crítica o aplicación de la teoría arqueológica actual (2008: 1660).

¿Cómo pueden los puntos 3, 4 y 5 reconciliar con el punto 8 que critica la teoría arqueológica actual pero también sugiere su extensión? El trabajo teórico que siguió a la publicación del libro de Joe Watkins (2000), que "ha comenzado, explícitamente, a enmarcar la arqueología indígena como un esfuerzo por desafiar los sustentos colonialistas de la disciplina" (Colwell-Chanthaphonh *et al.* 2010: 228), está basado en el implícito de que una arqueología "descolonizada" puede retener el núcleo moderno de la disciplina. ¿Cómo pueden ser definidas las arqueologías alternativas "como discursos y prácticas múltiples sobre las cosas de otro tiempo" (Hamilakis 2011: 408) si retienen el fundamento ontológico de la concepción moderna sobre los tiempos pasados? ¿Puede ese "otro tiempo" ser efectivamente promulgado a través/desde la ontología moderna? Las arqueologías alternativas han explorado, incluso, otras metodologías de investigación (¿en sintonía con ontologías no modernas?), como las unidades de excavación redondas propuestas por Tara Million (2005). Sin embargo, las metodologías innovadoras aceptan excavar como un medio legítimo para alcanzar el pasado y, por lo tanto, dejan intacta la ontología moderna que sometió otras ontologías en primer lugar. Esto es sorprendente porque uno de los principios básicos de la arqueología indígena, como lo señaló una de sus principales proponentes, establece que "Mientras el enfoque y las especificidades pueden variar, un hilo común entre las arqueologías indígenas que he observado es la incorporación de, y el respeto por, las experiencias y las epistemologías de los grupos indígenas globalmente" (Atalay 2008: 29). ¿Cómo pueden ser respetadas esas experiencias y epistemologías reteniendo tropos duros de la modernidad? Atalay (2008: 30) parece proponer una respuesta:

> La arqueología en tierra indígena, llevada a cabo por pueblos nativos sin una mirada crítica que incluya la colaboración; que no incorpore las epistemologías indígenas y las concepciones nativas del pasado, la historia y el tiempo; o que descuide el asunto del papel de la investigación en la comunidad, sería una réplica del paradigma arqueológico positivista dominante.

Por esa razón la arqueología indígena se ve a gatas para ser alternativa de algo. Si lo *indígena* quiere retener su postura antimoderna (o, por lo menos, el deseo de ser una alternativa a la modernidad), donde yace su poder político y su sentido utópico, no puede ser un adjetivo de la arqueología (una disciplina moderna practicada por indígenas) sino un sustantivo que implica ontologías distintas en sus propios términos. En suma, las arqueologías alternativas que retienen los principios básicos de la disciplina reafirman la ontología moderna. Son lo mejor que ha pasado a la arqueología desde el rompimiento del consenso científico en la década de 1960: el *otro* no moderno ya no es su némesis sino su aliado.

Las arqueologías alternativas pueden ser provechosamente comparadas con el etnodesarrollo para ver cómo el sistema rearticula disonancias potenciales. En un trabajo seminal sobre el tema el antropólogo mexicano Guillermo Bonfil señaló que el etnodesarrollo es "el ejercicio de la capacidad social de un pueblo para construir su futuro, aprovechando para ello las enseñanzas de su experiencia histórica y los recursos reales y potenciales de su cultura, de acuerdo con un proyecto que se defina según sus propios valores y aspiraciones" (1982: 131). Sin embargo, un documento de trabajo del Banco Mundial revela lo que piensan las agencias multilaterales al respecto: "En el lenguaje del Banco Mundial diríamos que para que el desarrollo económico sea sostenible debe proporcionar nuevas oportunidades para que las personas puedan alcanzar su potencial y alcanzar sus objetivos, tal como se definen en su propio contexto cultural" (Partridge y Uquillas 1996: 7). En realidad, el "proyecto que se defina según sus propios valores y aspiraciones" defendido por Bonfil se convierte en "nuevas oportunidades para que las personas puedan alcanzar su potencial y alcanzar sus objetivos" de acuerdo con el capitalismo global. De la misma manera, las arqueologías alternativas son a la arqueología lo que el etnodesarrollo es al desarrollo: un adjetivo que no modifica al sustantivo sino que lo hace más legítimo.

Si las arqueologías alternativas se consideran desde el punto de vista del *campo*, como fue definido por Pierre Bourdieu (2002), surgen varias cosas interesantes. El campo arqueológico estaría constituido por (a) la existencia de un capital común, *lo arqueológico*, definido por una temporalidad (progresiva, teleológica), un objetivo reificado (el pasado), una materialidad (el pasado en cosas) y una localización (el pasado en cosas enterradas); y (b) por la lucha por apropiarse de él (en términos de entrenamiento, participación, incluso un estilo). En primer lugar, un capital común se define por hegemonía, esto es, por consentimiento: todos quienes participan en el campo aceptan que *lo arqueológico* es su capital común. Segundo, el mero hecho de participar en la lucha reproduce el campo al aceptar sus reglas (cómo definir y reproducir su capital) y también reproduce posiciones establecidas dentro del campo: quién lo domina, quién está subordinado a su dominio, quién busca ser dominante.

Pero otras alternativas son posibles.

Otros mundos

Si excavar es el tropo maestro de las operaciones arqueológicas modernas ¿qué implicaría no excavar? Más precisamente,

¿una arqueología que no excava puede ser una arqueología alternativa? Si es así, ¿es arqueología, de todos modos? Estas preguntas pueden ser respondidas reflexionando sobre experiencias *arqueológicas* que prescinden de la excavación —sintiéndolas y hablándolas, mientras su carácter arqueológico solo se usa como un referente flotante, no como un patrón con el cual puedan ser medidas—. En cualquier caso, estas arqueologías alternativas, aunque no sean completamente arqueológicas, borran la excavación en lugar de tratar de eliminarla; al hacerlo la excavación se lee en un campo diferente de significación en su plena concreción histórica. No excavar, entonces, sino ~~excavar~~. La reificación de la excavación es enfrentada por su borradura. Al borrarla podemos llegar a un nuevo campo de conocimiento en el cual no se da como un hecho. La arqueología, pero también la modernidad, entonces es hablada, presentada no como una entidad autoevidente que "no se dice porque llega sin decir" (Bourdieu 1977: 167) sino como una creación histórica que es completamente decible y pensable.

La excavación borrada se vuelve histórica. La reificación de la excavación como productora de verdad (una idea sobre la que descansan operaciones aparentemente dispares, como el psicoanálisis y el sistema legal) es cuestionada por la borradura. Así, las arqueologías alternativas pueden convertirse en no-arqueologías; pueden convertirse en alternativas a la arqueología. De hecho, el pasado mismo también es borrado porque encarna la temporalidad moderna y las alternativas a la arqueología están en contra de la modernidad —alineadas, como están, con diferentes horizontes sociales, lejos de los mandatos de la modernidad—. Con todo, este artículo también *excava* el tropo reificado de la excavación. Sin embargo, solo lo hace metafóricamente ya que no pretende descubrir sino debilitar a la arqueología y a su modernidad; al hacerlo, se esfuerza por ayudar a construir *otra* casa para la vida histórica.

Eliminar la excavación es, también, eliminar las condiciones materiales del pasado. El pasado liberado de la excavación aparece en otra parte: en las memorias, en los paisajes, en las enseñanzas, en el futuro. Podemos excavar hacia arriba, por decirlo de alguna manera. Una arqueología que conserva la excavación y la materialidad, no importa cuán radical y alternativa sea, es moderna, a pesar de sí misma. En cambio, una arqueología sin excavación desestabiliza la modernidad, la ontología que alimenta a la arqueología. El sentido de lugar es transformado: ya no es el sitio del trabajo arqueológico —el lugar emblemático donde ocurre la excavación, establecida y determinada por las preocupaciones disciplinarias— sino el sitio de la historia como experiencia vivida.

Hasta un pensador heterodoxo como Ingold (2010: 160), cuyo trabajo es una poderosa llamada a tomar en serio las ontologías relacionales no modernas, da por hecho que los arqueólogos excavan y que el pasado está enterrado ("No es que los arqueólogos hayan dejado de excavar en busca de evidencia de vidas pasadas"). Incluso los arqueólogos que aceptan los límites filosóficos de su negocio y sus enredos políticos aún preservan un campo de operación donde la disciplina reina: las huellas del pasado como materia, solo accesible por medio de su excavación. Cualquier enfoque "arqueológico" basado en la excavación del pasado codificado como materia está atrapado en las premisas modernas que construyeron la disciplina. El anuncio, por lo tanto, puede ser hecho: la modernidad está segura porque sus principios más fundamentales siguen sin ser desafiados. Las arqueologías alternativas que postulan

> […] la colaboración con comunidades locales; el desarrollo de preguntas de investigación y de programas que beneficien a los grupos locales que los desarrollan y los aprueban; el respeto y la adhesión a las tradiciones locales en el ejercicio de trabajos de campo y de laboratorio; la utilización de prácticas tradicionales de manejo de recursos culturales; la combinación de métodos indígenas con enfoques científicos Occidentales; y el reconocimiento y el respeto de la conexión ininterrumpida del pasado con el presente y el futuro (Atalay 2008: 30)

...también aceptan que las huellas del pasado están codificadas en cosas enterradas. Supuestamente, adoptan la arqueología para relacionarse con ella "de manera diferente":

> Yo sostengo que el objetivo de investigar y desarrollar enfoques indígenas en arqueología no busca desmantelar la práctica arqueológica Occidental...[42] La arqueología no es intrínsecamente buena o mala; son la aplicación y la práctica de la disciplina las que tienen el potencial de privar de derechos y de ser usadas como una fuerza colonizadora (Atalay 2008: 33).

Por lo tanto, la maldad de la arqueología colonial no descansa en sí misma ("la arqueología no es intrínsecamente buena o mala") sino en la forma como ha sido utilizada. Esta afirmación dispensa a la ontología moderna de toda culpa en la composición y estructuración del mundo en los últimos cinco o seis siglos y deja la culpa a sus practicantes. Es precisamente en este tipo de razonamiento donde el pregonado triunfo de la modernidad descansa más cómodamente: la modernidad no produce consecuencias ya que es neutral; las malas acciones, si las hubiere, deben ser solamente atribuidas a los modernizadores sin control.[43] En el proceso de adopción, aún si es crítico, surge una arqueología remodelada:

> En lugar de desmantelamiento, la arqueología requiere reflexión crítica y cambio positivo si quiere seguir siendo pertinente y eficaz. Los enfoques de arqueología indígena ofrecen un

---

42   En el mismo sentido, hablando sobre cómo la "multivocalidad" en la arqueología debe implicar compartir la autoridad sobre las cosas arqueológicas y los discursos, Colwell-Chanthaphonh *et al.* afirman que "Compartir la autoridad *no busca cambios en los 'atributos científicos'* sino en los supuestos que subyacen a la propiedad científica del pasado, ajenos a los contextos sociales y políticos que rodean a la arqueología" (añadí las curivas) (2010: 233).

43   No hace falta decir que este es el mismo argumento general que se utiliza para justificar el capitalismo, ampliamente adoptado por las acciones de actores "alternativos", como los ecologistas.

> conjunto de herramientas para utilizar en la construcción de un cambio positivo desde dentro de la disciplina, pero estas son herramientas, conceptos, epistemologías y experiencias para remodelar, no para desmantelar (Atalay 2008: 33).

¿Es el conocimiento "agregado" proporcionado por una arqueología remodelada realmente necesario, aparte de ser una fuerza para "hablar de nuevo al poder de interpretación nacionalista, colonialista e imperialista del pasado"? (Atalay 2008: 31) ¿Es realmente necesaria la ontología moderna para fortalecer, profundizar y ampliar las concepciones locales e indígenas de la historia? Las respuestas afirmativas a esta pregunta solo pueden ser tautológicas: cualquier información arqueológica que pretenda servir fines alternativos (indígenas o de otra clase) solo puede cumplir su función si ha sido producida por interpretaciones alternativas.

Pero bien puede ser el caso que otros mundos no necesitan la arqueología predicada sobre la ontología moderna. Peter Schmidt (1995: 119) escribió que "la mayor parte de la historia antigua de África sólo es accesible a través de enfoques arqueológicos" y, por lo tanto, que "hay razones de peso para reenfocar la atención en las construcciones arqueológicas del pasado como un medio para construir una historia africana independiente, auténtica y distintiva;" pero su certeza positivista fue contrarrestada, rápidamente, por su reconocimiento de una paradoja:

> Al mismo tiempo, la arqueología es una actividad netamente Occidental. Sus paradigmas y epistemologías dominantes a menudo chocan con las necesidades históricas de África, sus visiones del pasado y sus formas de estructurar el tiempo y el espacio. Así, la paradoja se despliega: un repertorio de técnicas y enfoques que prometen maneras significativas para recuperar pasados africanos hasta ahora oscurecidos está acompañado por supuestos

teóricos que suelen estar fuera de sintonía con las sensibilidades, necesidades y estructuras africanas (Schmidt 1995: 119).

¿Cómo puede ser resuelta esta paradoja? ¿Volviendo local aquello que la modernidad quiere universal? ¿No es esa una manera de reforzar la modernidad? Este no es un asunto menor. Quienes estamos interesados en una arqueología diferente vemos con preocupación cómo los subalternos fortalecen la disciplina en el proceso de volverla suya. Quizás ya es hora de avanzar, no proponiendo arqueologías alternativas (y, de paso, agradando a la modernidad) si no buscando construir alternativas a la arqueología que sean, en realidad, alternativas a la ontología moderna.

Un manifiesto sobre arqueología indígena suscrito, recientemente, por algunos de sus proponentes más articulados y elocuentes (Colwell-Chanthaphonh *et al.* 2010: 233) afirma:

> Por más de un siglo la mayoría política, un selecto grupo de guardianes autoproclamados, empoderados por la riqueza y avalados por las leyes, ha dominado la investigación arqueológica. La arqueología indígena es un intento por introducir e incorporar perspectivas diferentes del pasado en el estudio y gestión del patrimonio —para abrir espacio a los diversos valores de la arqueología que existen en nuestra democracia pluralista—.

¿Son "los diversos valores de la arqueología" lo que una democracia pluralista busca en "el estudio y gestión del patrimonio"? Si la democracia contemporánea busca proteger los derechos de las minorías ¿esa protección debe ser consagrada otorgando a los grupos privados de derechos acceso a la ontología dominante? Esa es una concepción extendida de la democracia —de hecho, es la versión favorita de las sociedades multiculturales—. Aunque los escritores del manifiesto sobre arqueología indígena dejan en claro que la democracia que tienen en mente "no significa la mera apertura del campo para todos sino que debe animarnos a seguir un terreno común, investigando cómo trabajan diversos puntos de vista para ampliar los compromisos filosóficos y las prácticas metodológicas de la disciplina" (Colwell-Chanthaphonh *et al.* 2010: 233) el tiempo ha probado (y lo hará con mayor firmeza en los próximos años) que los compromisos disciplinarios y las prácticas metodológicas no han sido ampliados sino profundizados —esto es, un compromiso inquebrantable con la ontología moderna y una fe ciega en la existencia de un pasado enterrado y cifrado—.[44] En cualquier caso, ¿por qué deberían ser ampliados si incluso los opositores declarados de la modernidad, como los pueblos indígenas, vienen al encuentro de la arqueología? Consentir la concepción moderna del pasado (enterrado y material) puede ser un movimiento estratégico de quienes se oponen a la modernidad en otros asuntos y un medio legítimo de construcción de la historia, como muchos defensores de la arqueología indígena han declarado enérgicamente. Pero el precio es demasiado alto si la aceptación del núcleo ontológico y metafísico duro de la arqueología ocurre a expensas de otras ontologías y contribuye a neutralizar las oposiciones radicales. Sin embargo, Joe Watkins es optimista sobre el futuro de la arqueología desde una perspectiva indígena: "Los arqueólogos son lentos para cambiar, pero están cambiando" (2000: 178). El mismo optimismo se encuentra en quienes fomentan un enfoque etnográfico en la arqueología (Hollowell y Mortensen 2009; Hamilakis 2011). Yo no soy tan optimista. Dos condiciones contemporáneas solidifican el aislamiento de la arqueología, profundizan sus orígenes modernos y obstaculizan su militancia política alternativa: (a) su relación acomodada con las políticas multiculturales, especialmente las que dictan la corrección política y la mercantilización de la alteridad; y (b) su articulación con la arqueología de contrato, que orienta la práctica

---

44 Eso es lo que la filósofa de la arqueología Alison Wylie (2005) ha venido exigiendo: el compromiso con los principios de la arqueología *qua* realismo (científico). ¿Por qué no afirmar, entonces, que "la incorporación de las perspectivas indígenas en nuestro trabajo ofrece grandes beneficios intelectuales a la disciplina" (Colwell-Chanthaphonh *et al.* 2010: 233)?

disciplinaria a las necesidades del desarrollo. Me parece que el consentimiento de los subalternizados con la arqueología, por "reformada" que sea, pronto debe ser añadido a la lista. Mientras tanto la arqueología sigue difundiendo los frutos de la Ilustración y logra que otros actores (locales) participen en espacios institucionales creados para controlar la definición y la gestión de los principios disciplinarios.

Sobre híbridos recién desatados

Bordeado por el Océano Pacífico al oeste, la cuenca del Amazonas al este, Ecuador hacia el sur y una línea imaginaria en la latitud de Bogotá al norte, el suroccidente de Colombia es una región bien definida cuya racionalidad se encuentra en la historia, la geografía, la geopolítica, la economía. La arqueología también ha aportado su cuota en esa definición al convertir a la región en el teatro de lo que postula como algunos de los más importantes *desarrollos* culturales que la historia prehispánica del país jamás presenció. También ha sido el teatro donde los arqueólogos han desplegado sus armas analíticas más coloridas y, por lo tanto, donde han producido algunos de sus híbridos más sobresalientes, entre los que sobresalen las tipologías.

Como parte de un libro destinado a criticar y superar el pensamiento tiránico, sobre todo evolucionista, este artículo no pretende sugerir mejores tipologías arqueológicas sino describir redes de híbridos. Propongo verlas a través de construcciones arqueológicas en un lugar, al suroccidente de Colombia, y a través del tiempo, desde épocas prehispánicas hasta la actualidad. Propongo verlas desde las ideas de Bruno Latour (1993), para quien los *híbridos* (que también llama *cuasi-objetos*) no son entidades totalmente naturales ni totalmente sociales sino socio-naturales (parte objeto y parte sujeto). Los híbridos abundan sobre todo porque la modernidad niega su existencia. Mediante el establecimiento de una estricta separación entre naturaleza y cultura la modernidad solo reconoce la imposición de la brecha (lo que Latour llama *purificación*) pero niega la relación inseparable y la coproducción continua entre las dos (lo que llama *mediación*). Como resultado, la negación de la obra de mediación fomenta la proliferación de lo que la relación entre naturaleza y cultura ha creado sin cesar, híbridos:

> La modernidad surge, inicialmente, de la creación conjunta de esas... entidades y luego desde el enmascaramiento de ese nacimiento conjunto y el tratamiento separado de las... comunidades mientras, debajo, los híbridos continúan multiplicándose como efecto de este tratamiento separado (Latour 1993: 13).

Este trabajo es un intento por restaurar, a través de una obra de mediación, la historicidad de los muchos *cuasi-objetos* que los arqueólogos han creado en esta región particular. Esto no es un trabajo en análisis contextual, como si tuviera la intención de inscribir las producciones arqueológicas (las tipologías, por ejemplo) en el contexto social que les dio origen. Más bien, describiré, juntos y al mismo tiempo, tanto la práctica arqueológica (a través de sus híbridos) y el contexto en donde ocurre. De este modo el trabajo de los arqueólogos aparecerá no como la consecuencia de las necesidades del contexto (por ejemplo, la construcción de la nación) sino como una práctica que "inventa una ciencia, un contexto y una demarcación entre los dos" (Latour 1993: 16).

Híbridos latourianos y arqueología

La arqueología trabaja con un gran número de híbridos que son presentados como cosas-en-sí-mismas —conceptos, máquinas y artefactos tanto como dispositivos de estructuración temporo-espacial (como fases, tipos y horizontes)—. Ellos abundan en los textos arqueológicos y en los programas de estudio pero son simultáneamente negados y borrados. De hecho, los arqueólogos no admiten que tienen una influencia decisiva en la creación de lo que encuentran —y esta reticencia es comprensible, ya que ese reconocimiento equivaldría a aceptar la tautología absoluta en la que la profesión está atrapada, inevitablemente—.

La historia de la arqueología es la historia de la purificación creciente de la brecha entre naturaleza y cultura.[45] Los arqueólogos siempre han comprado la idea de que tratan con ciertas cosas que pertenecen a la naturaleza (y solo a la naturaleza, sin intervención alguna de la cultura). El programa científico que se apoderó de la disciplina en la década de 1960 y que sigue siendo dominante trató de capturar esas cosas naturales por medio de leyes cuya relación con la cultura (situacional en la mayoría de las teorías y, por lo tanto, incapaz de ser explicada por medio de principios generales) no ha sido clara. A pesar de que este programa utilizó la concepción naturalista de la cultura defendida por Leslie White a mediados del siglo XX nunca pudo explicar a dónde había ido la acción humana (y no humana, si a eso vamos) —salvo como consecuencia de una eliminación "metodológica"—.[46] Como resultado la cultura y los seres humanos fueron sometidos a la naturaleza y a sus entidades trascendentes. En realidad, "nada más se ha hecho que descubrir las Leyes de la Naturaleza. *El alcance de la movilización es directamente proporcional a la imposibilidad de conceptualizar, directamente, sus relaciones con el orden social*" (Latour 1993: 43; cursivas en el original).

---

45 Esto es igualmente cierto para las versiones "postmodernas" y alternativas de la arqueología, incapaces de escapar de los principios modernos en los que se basa la disciplina, como la idea de que el pasado está enterrado y de alguna manera encriptado/codificado en cosas.

46 Leslie White, a medio camino entre la ingenuidad y el cinismo, escribió en este sentido: "Pero nadie ha dicho nunca que la cultura es una entidad que se mueva y exista por sí sola, independientemente de las personas. Nadie tampoco, que yo sepa, ha dicho que el origen, naturaleza y funciones de la cultura pueda entenderse sin tomar en consideración a la especie humana… Lo que se ha afirmado es que en una determinada cultura sus variaciones en el tiempo y el espacio han de ser explicadas *en términos de la cultura misma*… La consideración, individual o colectiva, del organismo humano es *irrelevante* en una explicación de procesos de cambio cultural. 'No se trata de misticismo', dijo Lowie, 'sino de *simple método científico*'… los procesos culturales pueden ser explicados sin tener que tomar en cuenta a los organismos humanos puesto que la consideración de los organismos humanos *carece de importancia* para la solución de los problemas de la cultura" (1975: 146-147; cursivas añadidas).

Aunque los arqueólogos se permiten discutir si las tipologías (y los tipos) con los que se ocupan del pasado son culturales o naturales, es decir, creados o descubiertos (fomentando, de paso, la solidez de la ontología moderna al profundizar su estructura binaria), la naturaleza reina en sus asuntos: se dedican a descubrir las leyes de la naturaleza que rigen la producción de las culturas del pasado. En el proceso los híbridos que abundan en la arqueología y en los discursos no disciplinarios que la antecedieron —cuyo reconocimiento por mediación habría contribuido, en gran medida, a la comprensión de la relación no dicotómica entre eso que la modernidad llama cultura y eso que llama naturaleza— fueron sometidos por la purificación.

El trabajo de purificación en la disciplina trató el pasado —una rebanada de tiempo habitada por seres (humanos) supuestamente portadores de cultura— como si fuese parte de la naturaleza. Los fragmentos a través de los cuales los arqueólogos "recuperan" el pasado (tiestos, fogones, cestos, huesos) son tratados como naturales porque son purgados de su carácter híbrido. Se *encuentran*, no se *hacen*. Además, la adopción generalizada de procedimientos técnicos, mostrados como medios disciplinarios para alcanzar seguridad en la representación, solo ha endurecido la separación: la naturaleza (el pasado) en un lado, la cultura (la arqueología) en el otro. Por ejemplo, los laboratorios de radio-carbono, asumidos como neutrales e independientes de cualquier circunstancia social, producen datos cronológicos que se toman como *evidencia* incuestionable... ¡de ideas que son circunstanciales![47] La pretensión disciplinaria de que los procedimientos de investigación se han vuelto autónomos

---

47 Hace menos de dos décadas el vergonzoso viaje de varios arqueólogos (Meltzer *et al.* 1994) para certificar la *verdad* o *falsedad* de los "hallazgos" hechos en el supuestamente muy viejo sitio de Pedra Furada (Brasil) fue una iteración anacrónica de los eventos descritos por Shapin y Schaffer (1985) sobre los experimentos de Robert Boyle con una bomba de aire en el siglo XVII y los científicos/testigos que consiguió para que validaran sus "hallazgos". En verdad la modernidad se repite, a veces como farsa.

por medios técnicos ayuda a ocultar que están vinculados a una ontología penetrante y poderosa, la modernidad. Así, se los presenta como meras operaciones técnicas en un vacío cultural. De esta manera el individuo que representa (el arqueólogo) es desterrado de la escena de la representación y sustituido por máquinas y técnicas de todo tipo.[48] El rol potencial de los mediadores —"actores dotados con la capacidad de traducir lo que transportan, de redefinirlo, de desplegarlo de nuevo y también de traicionarlo" (Latour 1993: 81)— es obliterado por el de simples intermediarios:

> En la perspectiva moderna, la Naturaleza y la Sociedad permiten explicación porque ellas mismas no tienen que ser explicadas. Los intermediarios existen, por supuesto, y su papel es, precisamente, establecer el vínculo entre las dos, pero establecen vínculos sólo porque ellos mismos carecen de estatus ontológico. Se limitan a transportar, transmitir, transferir el poder de los dos únicos seres que son reales, la Naturaleza y la Sociedad (Latour 1993: 80).

La autonomización de las representaciones arqueológicas (la obra de purificación defendida por el programa científico) ha sido finalmente alcanzada. El arqueólogo ha perdido cualquier rastro de estatus ontológico al convertirse en un intermediario neutral (inexistente, en realidad; un ser fantasmagórico) en lugar de un mediador creativo y al negar la existencia de los híbridos con los que trata incesantemente. Latour indicó, accidentalmente, lo que los arqueólogos han aprendido a hacer (una descripción adecuada de la formación profesional): "Cómo multiplicar cuasi-objetos, sin aceptarlos, para

---

48 Esta es una paradoja extraordinaria (o, mejor, una simple burla): el arqueólogo ha sido suplantado por máquinas y técnicas, parte de los muchos híbridos creados por el trabajo concertado de las ciencias. Dicho esto, sin embargo, no deberían ser temidas, como si su sola presencia matara nuestras huellas de humanidad. Solo deben ser temidas si son purificadas como meta-sociales.

mantener la Gran Brecha que nos separa de nuestro pasado y de otras naturalezas-culturas" (1993: 56). Incluso las prometedoras discusiones sobre la metafísica de las tipologías, en particular las que se produjeron acerca de los tipos en Estados Unidos en las décadas de 1940 y 1950 (cuyos protagonistas principales fueron Alex Krieger y James Ford), que trataban de reconocer los híbridos que había creado la práctica arqueológica, no tardaron en ser olvidadas. La escena fue tomada por técnicas sofisticadas que fueron purificadas como naturalezas o como intermediarias —proporciones de isótopos y análisis espaciales, por ejemplo—.

Pero los arqueólogos pasan por alto que su trabajo objetivo con "cosas" (buscándolas, catalogándolas, exhibiéndolas) en realidad las crea. Crea un mundo que postula inanimado y cuya existencia no es solo crucial para los discursos arqueológicos sino para la ontología moderna y las políticas de la identidad. Objetos, fases, horizontes o culturas son híbridos creados por la arqueología. Extraño como pueda parecer, estos híbridos —cuya existencia es negada sistemáticamente por los arqueólogos, que los tratan solo como hechos naturales o "cuestiones de hecho" (Latour 2005: 87-120)— incluso dictan las agendas disciplinarias. Los congresos y las publicaciones, cada vez más esotéricos, se dedican a tratar con estas "cosas" que, desde su profundo silencio, de alguna manera se las arreglan para decir a los arqueólogos a dónde ir, cómo encontrarlas. Son actores-red, pues, en el sentido de Latour (2005: 216-217). Por eso es por lo menos irónico que todo un gremio se construya alrededor de objetos "inertes" que controlan hasta sus pasos más insignificantes. Es por lo menos paradójico que el mundo de las "cosas" determine el milenario mundo humano, consumando una inversión de grandes dimensiones: aquello creado termina determinando a su creador. Dicho esto, permítanme presentar a los híbridos que estaré desatando en este artículo. Déjenme mostrar continuidades, discontinuidades, integración, desintegración, homogeneidades, catástrofes. Déjenme mostrar fases, horizontes, tipologías. Déjenme mostrar lo que hacen los arqueólogos en un remoto rincón de este ancho mundo.

Continuidades y discontinuidades en el norte de Suramérica

Detrás de la consideración de las áreas culturales creadas por los arqueólogos alienta, bien o mal, un espíritu integrista, un sistema-mundo que se sostiene gracias a la existencia de una entidad trascendente: homogeneidad cultural, integración política (cacicazgo, federación, Estado, imperio), articulaciones interregionales y redes de alianzas. El nombre ha cambiado, junto con la sofisticación analítica, pero la intención trascendente permanece. En la región del mundo desde donde escribo, el norte de Suramérica, el ente que trasciende (y une) las diferencias regionales no es prehispánico sino moderno (o, mejor, pudo haber sido prehispánico pero su exaltación, a expensas de otras interpretaciones, es moderna). La idea de culturas bien definidas, homogéneas y continuas fue construida en el imaginario moderno desde el siglo XIX como una característica definitoria de la nación. Esa idea no solo se proyectó sobre las naciones en gestación sino, también, sobre formas de asociación prenacionales.

Junto con la exaltación de la trascendencia apareció el temor de la intrascendencia, un fantasma que ha desvelado a los arqueólogos de la llamada Área Intermedia, una zona peculiar del norte de Suramérica, el sur de Centro América y el Caribe en la cual los arqueólogos creen que no ocurrió el imperialismo integrista de Mesoamérica y de los Andes Centrales, a pesar de que allí tuvieron lugar eventos fundacionales (domesticación de plantas, innovaciones técnicas en el tratamiento de los metales) sin los cuales los acontecimientos de las "áreas nucleares" difícilmente hubieran tenido lugar. El sustrato "formativo" de las sociedades del Área Intermedia fue tan complejo o más complejo que el sustrato comparable y contemporáneo de las sociedades americanas que después serían Estados expansionistas. Ante la "ausencia" de horizontes de integración política Gerardo Reichel-Dolmatoff preguntó "¿Por qué los pueblos prehistóricos de Colombia no lograron un desarrollo similar al de sus vecinos de México y Perú?" (1987: 15) y atribuyó la causa al regionalismo cultural, producto del regionalismo geográfico:

> Esta extrema diversidad física del paisaje colombiano está, por supuesto, ligada de muchas maneras a un marcado regionalismo cultural que ha persistido desde tiempos prehistóricos hasta el presente —una consideración importante para el arqueólogo que estudia las formas como los factores medioambientales están relacionados con actividades culturales (Reichel-Dolmatoff 1972: 11).[49]

Así que la naturaleza del país solo era propicia, acaso, para formaciones socio-políticas rudimentarias. Muy bien. Una vez fueron desplegadas las vistosas alas del determinismo ambiental solo había que esperar a que alguien cayera en sus redes. Juan Friede fue uno de los incautos: "Las altas crestas de la Cordillera Central que separan los valles del Magdalena y del Cauca sirvieron de barrera natural al *habitat* de las tribus del Alto Magdalena hacia el noroeste y occidente. Este obstáculo impedía su expansión" (1953: 44).

Una vez dispuesto y aceptado el escenario determinista ya no era cuestión de llorar sobre la leche derramada; ahora se trataba de ver qué se podía salvar del naufragio. Sin integración a la vista se echó mano de las comparaciones de rasgos (para crear tradiciones y horizontes) y, después, de los cacicazgos. Si no tuvimos emperadores por lo menos tuvimos caciques. Aunque la propuesta del surgimiento y diseminación de las formaciones cacicales en el área no implicó la existencia de horizontes

---

[49] Hermann Trimborn había hecho una interpretación similar unos años antes: "Hemos conocido el desenvolvimiento de un señorío bárbaro, dotado de un poder autocrático. A él siguió, solo en forma rudimentaria y vacilante, la formación estatal de poderes territoriales, para la que ciertamente no era propicia la naturaleza del país, que no contaba con aquellos extensos altos valles ni mesetas favorables a la formación de grandes dominios territoriales" (1949: 274).

integradores (¿no la implicó?) sí supuso un mismo nivel de organización política que habría permitido la circulación de ideas, objetos y personas que produjo cierta homogeneidad. La adopción generalizada de la idea de *cacicazgo* (junto con sus marcadores supuestos como orfebrería, estatuaria y modificaciones del paisaje) desembocó en una carrera enloquecida que entregó las interpretaciones recién nacidas a la dominación de la tiranía tipológica. Los arqueólogos no interpretaron; buscaron encontrar lo que ya sabían que iban a encontrar:[50] caciques y las expresiones de su poder. Ante la búsqueda de marcadores de antemano conocidos (y sin importar demasiado su interacción o su realización temporal) las avenidas interpretativas fueron cerradas —¡Poco después de que habían sido abiertas!—. La arqueología se convirtió en un juego irrelevante (aunque caro) donde reinan las tautologías.

Después de los cacicazgos, pero sin superarlos, vinieron las articulaciones inter e intra-regionales (fundamentalmente comerciales y marcadamente transversales) y, de su mano (aunque esta vez sometiendo a fuego cruzado el andamiaje metafísico de los caciques), la idea del poder simbólico expresado en la manipulación de bienes de prestigio. El hilo que une esta variedad de interpretaciones es el ansia por trascender las diferencias regionales. Esta ansia eventualmente se volvió transnacional y encontró terreno abonado en la llamada "arqueología social". Las articulaciones transversales (es decir, articulaciones entre la costa Pacífica, los Andes y la región amazónica) se convirtieron en el genio que dio a los arqueólogos la trascendencia por integración que habían estado esperando

---

50 La realidad imita al arte, con obstinación. En *Tlön, Uqbar, Orbis Tertius* Jorge Luis Borges ofreció la siguiente ironía, mucho antes del advenimiento del programa anticientífico en arqueología (que, por cierto, fue bastante serio y austero y no del todo anticientífico): "El director de una de las cárceles del estado comunicó a los presos que en el antiguo lecho de un río había ciertos sepulcros y prometió la libertad a quienes trajeran un hallazgo importante. Durante los meses que precedieron a la excavación les mostraron laminas fotográficas de lo que iban a hallar" (1975: 269).

por décadas. En su síntesis de la arqueología andina Luis Guillermo Lumbreras resumió, sumariamente, ese encuentro feliz con el genio, caracterizando la región de los "Andes septentrionales" (que incluye buena parte del suroccidente de Colombia) así:

> Durante todos los períodos se percibe, además, un proceso de intenso contacto entre todas las zonas, lo que hace que los restos materiales conocidos tengan un aspecto de unidad sumamente notable, a pesar de que no se llega, como en el área Central Andina, a procesos unificadores de un carácter político de gran extensión (1981: 57).

La originalidad de la arqueología social, de la que Lumbreras fue un profeta, fue que su apego al internacionalismo marxista la convirtió en el heraldo de una suerte de latinoamericanismo arqueológico hasta entonces desconocido: las arqueologías nacionales, relativamente aisladas, fueron tomadas fuera de guardia y se entregaron, con placer, a la retórica de las comunalidades, de los horizontes ampliamente compartidos, de las tradiciones venerables. Los híbridos arqueológicos, aunque tomados como seres naturales descubiertos por investigaciones y razonamientos cuidadosos, fueron puestos a servir agendas transnacionales. Estos acontecimientos que tuvieron lugar en el norte de América del Sur fueron replicados, resonados, reiterados, en una de sus regiones.

El suroccidente de Colombia como teatro lleno de híbridos

El nacimiento de la arqueología colombiana fue testigo de la "aparición" de culturas arqueológicas aisladas —como si hubieran estado esperando a ser descubiertas por la paciente labor de los arqueólogos—. La definición atomista fue la norma y la práctica disciplinaria estuvo dominada por una preocupación organizativa. Pérez de Barradas (1954, 1958) fue uno de los primeros en romper esa tendencia y en establecer similitudes entre las culturas arqueológicas, aunque solo en términos de comparación de rasgos. Las diferencias fueron atenuadas por las semejanzas, explicadas por difusión.

La existencia de un sustrato común a muchas culturas prehispánicas, una suerte de homogeneidad esencial de larga temporalidad a partir de la cual se edificaron diferencias posteriores, es una vieja obsesión de los arqueólogos que trabajan en la región. Durante mucho tiempo fue casi rutinario considerar que el Alto Magdalena suministró una suerte de simbolismo tradicional que creó una ideología compartida. El primer investigador en ofrecer esa interpretación fue Preuss (1974):

> [...] un espíritu verdaderamente creador, de un sentimiento nacional muy unificado, dejó quizás en esta región los rasgos de una estada milenaria. Difícilmente podemos imaginarnos que este pueblo haya estado limitado a un territorio tan exiguo y así mismo parece seguro que el estilo de las figuras tan propio de esta civilización y tan fácil de reconocer surgirá un día más allá del Magdalena, en las selvas vírgenes del sur de Colombia.

Desde entonces los arqueólogos que trabajan en el suroccidente vieron a San Agustín como el lugar del cual emanó una ideología integradora, una génesis de civilización, cuando no una ocupación *de facto*:

> No dudaría que la máscara que estudiamos pertenece a la cultura de San Agustín, de la cual hay en Tierradentro numerosas estatuas y sepulcros pertenecientes a su fase epigonal... De lo expuesto anteriormente se deduce que Tierradentro fue poblada durante algunos siglos por gentes de la cultura de San Agustín (Pérez de Barradas 1938: 4).

Esta aproximación mística y fundacional a la estatuaria agustiniana está en el origen de un planteamiento particular que se repetiría en otras regiones de Colombia (y, en general, del Área Intermedia): la existencia de una comunalidad interregional que va más allá de rasgos formales prominentes de la cultura material (la forma de las vasijas y de las tumbas, los tipos de decoración) y que puede intuirse, de manera más intangible, en expresiones sutiles (la redundancia, aunque con variaciones, de un rasgo iconográfico; la disposición de cuerpos y objetos). Lo que se planteó, en suma, fue la existencia de una cosmovisión común. De esta forma más refinada Reichel-Dolmatoff (1972: 138) retomó la idea de Preuss:

> El punto importante es la extensión verificable de la idea y no su divergencia en detalle... No hay claras relaciones estilísticas entre estas dos culturas [Olmeca y Chavín] ni entre alguna de ellas y San Agustín, pero es inconfundible que las tres comparten un núcleo temático común.

El argumento fue más allá. Reichel-Dolmatoff (2005) concibió la idea de que esa cosmovisión (esencial y atemporal) transitó los tiempos y podía rastrearse en las mitologías contemporáneas. Warwick Bray hizo eco de la idea de Reichel:

> En términos generales el primer milenio de la era cristiana fue una época en la cual todo el suroccidente de Colombia participaba en una sola tradición cultural y tecnológica... las diferentes culturas mantenían identidades propias pero participaban de una misma visión del mundo (1992: 117).

Para Héctor Llanos también hubo una "tradición" común en el suroccidente:

> [...] las culturas regionales del valle del río Cauca y el Alto Magdalena, que se desarrollaron a partir del segundo milenio antes de Cristo, están inscritas en una tradición cultural agroalfarera que se profundiza en las costas del Pacífico ecuatoriano (1995: 130).

La "tradición" de Llanos no es una tradición de tiestos sino, como en Reichel y Bray, una tradición simbólica: "Es probable que todas estas culturas regionales se inscriban en una misma tradición simbólica y, por lo tanto, hayan compartido un mismo saber" (Llanos 1995: 130). Una variante técnica de esta idea, quizás porque sus autoras eran especialistas en orfebrería, fue la "tradición metalúrgica del suroccidente" (Plazas y Falchetti 1983, 1986), que habría incluido las regiones de Tumaco, Nariño, Alto Magdalena, Tierradentro, Popayán, Calima y Cauca Medio; se habría extendido entre 2500-1000 años AP; y se habría caracterizado por similitudes tecnológicas, formales e iconográficas en pectorales laminados, cuentas de collar, pinzas depilatorias, figuras ensambladas con alfileres, orejeras de carrete, máscaras y diademas.

Sobre este sustrato filosófico común se levantó el edificio cacical, una idea (otra más) que también debemos a Reichel-Dolmatoff,[51] y que supuso que el suroccidente fue testigo de la aparición y desarrollo de sociedades complejas desde hace unos dos mil años. La pretendida "homogeneización" de la complejidad está basada en la idea de que la interacción social solo puede ocurrir entre sociedades con un mismo nivel de organización. Pero en el suroccidente el asunto de la homogeneidad cultural no se ligó a la idea de la adaptación a un mismo ecosistema (una de las características, y excesos, del paradigma eco-funcional); tampoco, a diferencia de otra zonas del país, se ligó a equivalencias étnicas.[52] Simplemente fue la expresión

---

51 "Estas comunidades [los cacicazgos] también parecen haber alcanzado un grado de cohesión política y ceremonialismo que fue más allá de los confines de una pequeña región circunscrita por un valle o la cuenca de un río. El registro arqueológico muestra que hubo cierta unidad en patrones de asentamiento y en actividades de subsistencia, en estilos cerámicos y elementos decorativos, y también en simbolismo religioso, tal como se manifiesta en sitios ceremoniales y objetos asociados" (Reichel-Dolmatoff 1972: 132).
52 Ya sabemos el tremedal ontológico (por no hablar del lío político) que produce la equivalencia entre culturas arqueológicas y

de lo que se recuperó del naufragio ocasionado por la "constatación" de las diferencias regionales provocadas por el determinismo ambiental.

A finales de la década de 1970 se empezó a considerar la articulación transversal entre sociedades costeras, andinas y amazónicas como responsable de la comunalidad prehispánica en el suroccidente y a postular la importancia política que pudo haber otorgado el control del intercambio implícito en esa articulación (e.g., Uribe 1986); además, se sugirió que el intercambio ocurrió a nivel de bienes suntuarios y no de bienes básicos. Los procesos de articulación también se han contemplado en forma de modelos políticos basados en la expansión de ideas y en la circulación de bienes de consumo ostentoso. Varios autores (Langebaek 1993; Uribe 1995; Gnecco 1996) consideramos las alianzas intersectoriales y el intercambio como actos deliberados por parte de elites regionales para excluir a otros de su participación directa, justificando su posición al referirla a fuentes externas de poder. La circulación de bienes de elite debió estar enmarcada en la "competencia por adquirir objetos foráneos de alto valor y prestigio... con el fin de justificar su posición especial en la sociedad" (Langebaek 1993: 31).

Hasta aquí he contado parte de la historia. Su desenvolvimiento cualitativo (bastante agua ha pasado por el río analítico desde las comparaciones de rasgos y las explicaciones difusionistas hasta la idea de las redes de alianzas entre las elites) parecía asegurar la presencia tranquilizadora de la trascendencia. Sin embargo, esta época de cosmovisión común, de articulación interregional, en suma, de trascendencia de las diferencias particulares fue bruscamente rota en el imaginario de los arqueólogos por

---

grupos étnicos. Una vez fue superada su relación funcional con el surgimiento de los Estados-nación la equivalencia es una invitada incómoda en el banquete disciplinario que muchos quieren esconder (mientras, paradójicamente, las arqueologías "alternativas" se complacen en llevar a la mesa).

eventos catastróficos que sacudieron el suroccidente hace unos mil años. El mundo conocido y deseado (un mundo especular) —no en vano llamado *clásico* por algunos arqueólogos, echando mano de un concepto romántico, a pesar de sus ropajes disciplinarios— fue reemplazado por otro menos "desarrollado", el que encontraron los españoles en el siglo XVI. Los mejores ejemplos de esta concepción extendida provienen del Alto Magdalena[53] (Cuervo 1920: 228-230; Friede 1953: 116; Codazzi 1959: 420; Caldas 1972: 116; Lleras 1995: 54). La homogeneidad (filosófica, tecnológica, iconográfica) del suroccidente, una suerte de civilización ejemplar integradora, fue rota por grupos invasores que llegaron de las tierras bajas tropicales —el lugar icónico de los salvajes—. Por ejemplo, Pérez de Barradas (1966) sugirió que la orfebrería tardía del suroccidente era "invasionista" y la asoció con karibes procedentes de las tierras bajas amazónicas. En efecto, los discursos arqueológicos colombianos aluden continuamente a la aniquilación y la desaparición: los híbridos arqueológicos —sociedades, culturas, incluso tiestos— no cambian sino que desaparecen. La desaparición de las sociedades prehispánicas implícita en el catastrofismo (debido a invasiones y migraciones) supone su aniquilación definitiva en el tiempo y el espacio y su salvación textual. Las sociedades prehispánicas "más avanzadas" —aquellas con metalurgia, estatuas, grandes obras públicas— fueron eliminadas de la superficie histórica con explicaciones catastróficas y sustituidas por sociedades "atrasadas", justamente aquellas construidas sobre el mapa de Colombia por los discursos coloniales y republicanos sobre la alteridad étnica. No en vano las

---

53 Demostrando el peso del archivo sujetos tan diferentes y tan apartados en el tiempo como el científico Caldas (a finales del siglo XVIII), el ingeniero Codazzi (a mediados del XIX), el viajero Cuervo (a finales del XIX), el historiador Friede (a mediados del XX) y el arqueólogo Lleras (a finales del XX) escribieron lo mismo, palabras más, palabras menos: el Alto Magdalena estuvo habitado por una raza civilizada de escultores, ceramistas y orfebres que fue desplazada (cuando no eliminada) por grupos amazónicos antes de la conquista española.

invasiones suelen estar relacionadas con una especie de génesis: los pueblos invasores dieron a los pueblos invadidos el don de la cultura (es decir, la civilización).[54]

Esta es, entonces, la otra parte de la historia. ¿Cómo se relaciona este panorama heterogéneo con el panorama integrador y homogéneo? No se relaciona: están puestos uno sobre otro. Bueno, sí se relaciona porque ambos fueron funcionales al proyecto nacional, a pesar de su antagonismo: el primero porque la "desaparición" de las civilizaciones prehispánicas y su reemplazo por "invasores" de las tierras bajas no solo consagró la dicotomía civilización-salvajismo (indios civilizados en el pasado remoto, integrados al proyecto colectivo por el artilugio histórico; indios salvajes en el presente, excluidos y marginados) sino que legitimó dos nuevas génesis civilizadoras, la de la conquista y la de la modernidad (a pesar de que una negó a la otra); y el segundo porque proveyó los argumentos de una homogeneidad civilizada que se encontraría en los cimientos (bien enterrados) del edificio nacional y que ha servido como lugar retórico desde donde se promulga el imaginario nacional —e, incluso, desde donde se escenifican neopopulismos con aura étnica—.

---

[54] Para fortuna de los catastrofistas los lingüistas han descrito un panorama actual heterogéneo en la región: en el extremo suroccidental grupos barbacoas (awas) extendiéndose hasta la Cordillera Central (guambianos); en el nororiente los nasa; en el oriente y suroriente kamsás, inganos (quechua-hablantes) y cofanes; y en el sur los pastos (González, ed., 2000). Una inmensa torre de Babel que puede ser leída de diferentes maneras. Puede significar que tantos idiomas reflejan el aislamiento prehispánico de los grupos, después roto por la *lingua franca* que los españoles trajeron a esta parte del mundo. También puede significar que por debajo de ese mosaico lingüístico había otras prácticas compartidas. Los acontecimientos de las últimas cuatro décadas en Colombia con respecto al empoderamiento indígena muestran que ambas lecturas han sido favorecidas: a pesar de las alianzas pan-étnicas, no solo basadas en plataformas políticas compartidas sino también en referencias simbólicas similares, la mayoría de los grupos mantiene (y refuerza) las diferencias (incluidas sus lenguas).

Si Preuss tenía razón, si hubo una especie de ideología integradora prehispánica en el suroccidente de Colombia (destilada y proyectada desde el Alto Magdalena), ¿dejó alguna evidencia material? La respuesta depende de cómo se formula la pregunta. Si se enmarca desde purificaciones disciplinarias (aunque claramente contextuales y cambiantes) entonces usted puede decir *sí* o *no*. Es solo una cuestión de encontrar (¿mejor debo decir *forzar*?) la *evidencia* correcta. Si se enmarca desde la antropología latouriana entonces la respuesta es que las similitudes y las diferencias, así como las evidencias, son híbridos socio-naturales, no entidades naturales inmanentes que podemos recuperar del *registro arqueológico* (otro híbrido) —a pesar de los arqueólogos—. La producción de similitudes y diferencias (es decir, su levantamiento disciplinario de un mar de híbridos disciplinarios) es paradigmática y puede ser mejor comprendida considerando al arqueólogo como intermediario. Sin embargo, esos híbridos socio-naturales tienen distintos destinos. El ánimo marcadamente evolucionista de la arqueología (a pesar del funcionalismo)[55] ve las discontinuidades como excepcionales —salvo cuando son políticamente útiles, como en los proyectos de construcción nacional en América Latina— y las continuidades como la condición "natural" de la historia.

Pero esto no es todo. Hay un elemento más que añadir. Aquí entra en escena un híbrido más, el *desarrollo* (anteriormente conocido como civilización y progreso), el híbrido maestro que garantiza la existencia purificada, así como la dirección, a tantos otros. El principal híbrido que estructura esta historia es el desarrollo, el más purificado de los no humanos modernos, tanto es así que ha sustituido a

---

55 Aunque la filosofía evolucionista perdió centralidad en la globalización moderna de finales del siglo XIX —debido al desmantelamiento de la razón histórica por parte de una burguesía cada vez más amenazada por las organizaciones obreras— nunca abandonó sus aposentos en el edificio metafísico de la arqueología, ni siquiera allí donde la obsesión por el espacio silenció, solo en apariencia, el valor político del tiempo.

la divinidad que la modernidad mató pero que ha logrado mantener en espera (Latour la llamó "Dios tachado"). El desarrollo, una entidad trascendente e inmanente (con sus propias leyes), coordina la marcha y el despliegue de todos los cuasi-objetos que he mediado en estas páginas.[56] Establece cuál viene primero, cuál después, cómo ocurre su articulación. Sobre todo, los alinea para que puedan dar testimonio del paso del tiempo y del movimiento direccional de la cultura —las premisas básicas de la modernidad y de todas las fases post- que le siguen—.

Hasta aquí mi historia ha desatado, por mediación, los híbridos que los arqueólogos han negado con tanta fuerza. Mi trabajo de mediación los ha puesto de manifiesto, describiendo algunos de los colectivos y redes en los cuales proliferan. Mi mediación ayuda a romper las cadenas de la purificación que los había mantenido a raya, en el sótano oscuro que la modernidad construyó para albergar sus creaciones más inconfesables. Ahora pueden correr libremente.

Híbridos desatados

La tarea de liberar a los híbridos no tiene lugar en una arqueología que está contenta con su suerte, que se complace en reforzar, hasta la náusea, la división entre naturaleza y cultura. Tiene lugar, sin embargo, en una arqueología que busca contrarrestar la cosificación de la práctica disciplinaria y desestabilizar el canon académico, que ha prosperado junto con la negación de sus híbridos. La tarea de historiar la práctica arqueológica está bien servida al ver a todos estos híbridos correr libremente, desatados de sus cadenas modernas. En lugar de controlar su existencia por medio de la purificación, como hizo la

---

56 Una extraordinaria paradoja postmoderna, que da fe de esta inmanencia/trascendencia, es la existencia de una teleología totalizadora (la del desarrollo y el crecimiento económico, modelada en la biología) en medio de una temporalidad no teleológica que exhibe, con orgullo, el presentismo y el fin de la historia.

arqueología moderna, este artículo quiere reconocer su existencia. Para empezar, quiere reconocer la paradoja de que los híbridos cuya existencia y agencia han sido negadas controlen las vidas y las carreras de los arqueólogos, atrapados, en efecto obsesionados, con la búsqueda de los mismos híbridos que crean.

Este artículo tiene que ver con la restauración de la historicidad de la práctica arqueológica. Curioso: una práctica que estaba destinada a ser la historia de la sociedad terminó siendo la historia esotérica de cosas-en-sí-mismas, ajena a la "cultura" que decía defender con tanto ardor. Sin embargo, puede convertirse (¿de nuevo?) en la historia humana mediada por la historia de híbridos socio-naturales. Pero esta historización no propone llevar las cosas a los contextos sociales; tampoco propone tratarlas solo como objetos discursivos: "Tan pronto como estamos tras la pista de algo cuasi-objeto, este aparece a veces como una cosa, a veces como un relato, a veces como un vínculo social, sin jamás ser reducido a un mero ser" (Latour 1993: 89). Este artículo trata de reconocer la mediación en lugar de aceptar solo la purificación, ese procedimiento en virtud del cual "creemos que nuestro deber es extirparnos de esas mezclas horribles con tanta fuerza como sea posible por medio de ya no confundir lo que se refiere a meras preocupaciones sociales y lo que pertenece a la verdadera naturaleza de las cosas" (Latour 1993: 100). Trata de describir las redes señaladas por Latour: "Sin embargo, hay un hilo de Ariadna que nos permite pasar, con continuidad, de lo local a lo global, de lo humano a lo no humano. Es el hilo de redes de prácticas e instrumentos, de documentos y traducciones" (1993: 121). Trata de reconocer derechos de nacimiento —y la importancia que este simple hecho supone para los derechos del mundo, la gente y los no humanos—. Trata de híbridos "cuya génesis ya no debe ser clandestina sino que debe ser seguida por los cuatro costados, desde los acontecimientos calientes que dieron origen a los objetos al progresivo enfriamiento que los transforma en esencias de la Naturaleza y la Sociedad" (Latour 1993: 135). Trata de abandonar el naturalismo y el humanismo como categorías opuestas:

> Sin embargo, el ser humano, como ahora entendemos, no puede ser captado y salvado a menos que su otra parte, la parte de las cosas, le sea restablecida. En la medida en que el humanismo es construido a través del contraste con el objeto que se ha abandonado a la epistemología ni lo humano ni lo no humano pueden ser entendidos (Latour 1993: 136).

Ya no categorías opuestas sino miembros de los mismos colectivos,[57] humanismo y naturalismo solo pueden ser reconstituidos si el primero abraza e incorpora los no humanos que expulsó al momento de su creación y si el segundo abraza e incorpora los humanos que fueron expulsados de su seno por el trabajo de purificación. Como Latour señaló, "Naturaleza y Sociedad no son dos polos distintos sino la misma producción de sucesivos estados de sociedades-naturalezas, de colectivos. La primera garantía de nuestro nuevo proyecto es la no separación de cuasi-objetos, cuasi-sujetos" (1993: 139). En suma, este artículo trata de la libertad. Si vamos a ser libres, "Si queremos recuperar la capacidad de ordenar que parece esencial para nuestra moral y define lo humano, es esencial que no haya un flujo temporal coherente que limite nuestra libertad de elección" (Latour 1993: 141). Ese "flujo temporal coherente" es lo que la modernidad nos impuso y que la arqueología ha servido con tanta diligencia al presentar los híbridos como hechos naturales capaces de establecer el rumbo de la humanidad pero nunca como entidades socio-naturales con sus propias historias y enredos de culturas y naturalezas y al presentar el tiempo como un acontecimiento lineal solo entendible desde una

---

57 Latour usó la palabra *colectivos* "para describir la asociación de humanos y no humanos" y restringió *sociedad* "para designar sólo una parte de nuestros colectivos, la división inventada por los ciencias sociales" (1993: 4).

perspectiva teleológica. Este no es un asunto menor. Como Mario Blaser señaló:

> [...] lo que es particularmente Euro-moderno es que entre los siglos XVI y los siglos XVIII las dos grandes divisiones [la Gran División Interna entre Naturaleza y Cultura y la Gran División Externa entre nosotros y ellos] fueron cada vez más entendidas (por los europeos, primero, y por todo tipo de Euro-modernos, más tarde) en el contexto del tiempo lineal, haciendo a la (Euro) modernidad no sólo diferente sino, también, una forma superior de ser, la punta de lanza de la historia evolutiva de la humanidad (2009: 888).

Entre la purificación de sus híbridos y su servicio al tiempo lineal-teleológico la arqueología cumplió una función de exclusión y violencia. La libertad que hemos conseguido muestra, por fin, que la purificación y la temporalidad de la arqueología no son inercias disciplinarias sino acciones deliberadas que sirven a los propósitos de la modernidad.

Arqueo-etnografía de Tierradentro

En 1945 el Estado colombiano estableció el Parque Arqueológico de Tierradentro en tierras ancestrales de los nasa, uno de los pueblos indígenas más numerosos de Colombia. Durante décadas los arqueólogos y el Instituto Colombiano de Antropología e Historia (ICANH) reinaron sin oposición en la zona, situada en los Andes suroccidentales del país: nadie detuvo su trabajo; nadie cuestionó su pretensión experta. Tierradentro se convirtió en un lugar icónico para la realización del sueño arqueológico: vestigios glamorosos (inigualables tumbas pintadas y esculpidas, cerámica decorada, estatuas de piedra) en un lugar espléndido habitado por *indios*, esos sujetos extraños que no buscaron conocer pero a quienes agradecieron, secretamente, dar un toque de autenticidad al paisaje, un toque que redimió su nostalgia imperialista. También fue icónico por otra razón: esos *indios* que certificaron lo auténtico no estaban interesados en las mismas cosas que a ellos, los arqueólogos, interesaban. El círculo de intereses excluyentes fue sólidamente sellado: los *indios* y los arqueólogos convivieron en un mismo lugar sin molestarse, ignorándose plácidamente. Los *indios* no preguntaron qué hacían esos extraños que desenterraban cosas que ellos preferían enterradas; si lo preguntaron, las respuestas no fueron inquietantes; si lo fueron, no se tradujo en oposición a su labor. Los arqueólogos no preguntaron por qué los *indios* soslayaban su trabajo. No preguntaron por qué dejaban que ellos, los arqueólogos, traficaran libremente con la presencia de sus ancestros. No preguntaron, desde luego, qué pensaban de su trabajo y, sobre todo, qué pensaban sobre lo que ellos llamaban arqueología, patrimonio o historia nacional. La falta de preguntas —y la ausencia concomitante de respuestas— creó las condiciones de la relación: los arqueólogos excavaron, exhibieron, archivaron y desplazaron aquello que llamaron *arqueológico* mientras los indígenas siguieron adelante con su vida, luchando por no sucumbir a los embates de la civilización, dejando a los arqueólogos hacer. Ese dejar hacer no implicó un desinterés por su historia pero sí permitió que la arqueología entrara en su territorio y tocara sus fibras más sensibles.

Tierradentro tiene una larga historia de despojo, violencia y lucha. Desde el siglo XVII, cuando los españoles lograron un precario control territorial, unos pocos asentamientos no indígenas sobrevivieron en una zona que les resultaba abiertamente hostil. Los misioneros católicos tuvieron mejor suerte: hicieron presencia desde las primeras épocas de la ocupación española, aprendieron la lengua nativa e hicieron doctrina con ella. A finales del siglo XIX el Estado colombiano apoyó su trabajo e, inspirado en el espíritu del Concordato de 1887, produjo la Ley 89 de 1890 que dividió a los indígenas en dos categorías: (a) "Los salvajes que vayan reduciéndose a la vida civilizada"; y (b) "las comunidades indígenas reducidas ya a la vida civil". Esta taxonomía estableció que si algunas comunidades indígenas mantenían sus formas nómadas, economía de cultivos tradicionales, uso de lenguas vernáculas y si se negaban al comercio con los blancos y al uso del dinero debían ser reducidas por la iglesia y mantenidas al margen de las leyes nacionales; si las comunidades indígenas ya habían adoptado el modelo nacional basado en la agricultura, la vida en poblados, el uso del castellano y el ejercicio de la religión católica era factible que sobre ellas operara la jurisdicción nacional. La distinción entre indígenas civilizados (ya localizados dentro de las fronteras conocidas, reducidos y domesticados por la moral civilizadora del Estado nacional), y no civilizados (localizados fuera de esas fronteras) encomendó a la iglesia católica la suerte de la parte más numerosa y diferenciada de la población nativa.

Las convenciones sobre misiones de 1888, 1908 y 1928 dieron a la iglesia católica el control de las áreas de frontera del país, donde se encontraba la mayor parte de la población indígena. La constitución de facto de un Estado (el misional) dentro de otro (el republicano), legitimada a través de la neutralización de la legislación nacional por medio de legislaciones locales, permitió que en zonas de frontera (unas tres cuartas partes del territorio colombiano a principios del siglo XX) la iglesia católica se convirtiera en el poder absoluto que gobernó la vida de las comunidades indígenas. La reforma constitucional realizada durante el primer gobierno de Alfonso López revocó lo acordado en el Concordato pero la nueva convención firmada en 1953, en el gobierno de Laureano Gómez, restauró los derechos de la iglesia, sobre todo su papel en la evangelización de los indígenas, continuando e incrementando la obra misional en 18 territorios nacionales erigidos en 11 vicarías apostólicas y en 7 prefecturas. Una de ellas, creada en 1921, fue la Prefectura Apostólica de Tierradentro, con sede en Belalcázar, elevada a Vicariato Apostólico en 2000.

La violencia política de la década de 1950 se ensañó con los nasa. La denuncia del padre David González (sf) mostró cómo el gobierno Conservador del Cauca, con el apoyo de mercenarios a sueldo, atacó duramente a la población indígena de Tierradentro, castigando intentos incipientes de organización. La creación del Consejo Regional Indígena del Cauca en 1971 inició el cambio del balance de fuerzas en la región. Aunque la iglesia siguió teniendo poder, sobre todo en el campo educativo, y los partidos tradicionales aún pudieron desplegar su máquina clientelista en la región la organización indígena adquirió fuerza suficiente para retar el poder del Estado y de la iglesia. A las recuperaciones de tierra con el propósito de restaurar los resguardos a su tamaño colonial —y, acaso, ampliarlos— se sumó el fortalecimiento de las autoridades tradicionales y de la lengua.

Este conflictivo escenario moderno interesó poco a los antropólogos. Desde los trabajos de Henri Pittier (1907), el primer académico que trabajó en la zona, hasta la década de 1990, los antropólogos reificaron la *cultura* de los nasa y la extrajeron, asépticamente, del contexto. Segundo Bernal (1953a, 1953b, 1954, 1955) quizás sea el mejor ejemplo. Sus bucólicas y pacíficas descripciones de la vida nasa fueron hechas en el peor momento de la violencia conservadora de la década de 1950 pero la ignoran sin ningún pudor, soslayando el genocidio. La excepción fue Anthony Henman; en su libro *Mama Coca* (1978) no solo fustigó la asepsia académica de sus antecesores —y pronosticó la de quienes habrían de venir después— sino que mostró las duras condiciones de vida de los nasa, atrapados entre las políticas segregacionistas de los regímenes aristocráticos caucanos y los asaltos armados contra sus territorios, muchas veces complementados por legislaciones que hicieron posible la disolución de los resguardos (algunas veces con el apoyo de algunos comuneros, como en el caso de Calderas). De los arqueólogos, ni hablar; estaban demasiado ocupados en sus excavaciones como para reparar, siquiera, en la vida que acontecía a su alrededor.

Esta situación idílica e ideal para los arqueólogos empezó a cambiar mucho antes de que los cambios fueran notorios, mucho antes de que las horas de agitación movieran las primeras hojas de los árboles de Tierradentro. El levantamiento indígena de la década de 1970 (tardía continuación de la quintinada de sesenta años atrás) y la adopción estatal del multiculturalismo se encargaron de hacer que el sólido piso de los arqueólogos comenzara a temblar. Los indígenas, por primera vez, volvieron los ojos hacia las *cosas* que interesaban a los arqueólogos, esta vez para incluirlas en la órbita de sus reivindicaciones. Por ejemplo, la celebración del 34 aniversario del Consejo Regional Indígena del Cauca en 2005 comenzó con un viaje al Parque Arqueológico de Tierradentro, un acto de soberanía y de extrañamiento frente a las políticas históricas estatales. El interés de los indígenas por el parque y sus referentes coincidió con su declaratoria como patrimonio mundial de la UNESCO en 1995; este hecho llevó al ICANH, más de una década después, a plantear la realización de un Plan de Manejo "como una herramienta de gestión administrativa, técnica, social y financiera que garantice una programación coherente, eficiente y sostenible de las actividades que el ICANH emprenda en los próximos diez años en el Parque de manera exclusiva o en cooperación con otras entidades y organizaciones sociales". Esta propuesta ocurrió en un momento de gran agitación social en la zona que no solamente llevó a la ya clásica confrontación con el Estado sino al enfrentamiento entre indígenas y no indígenas, viejos vecinos que ahora no se reconocían. Esta situación tiene origen años atrás. En la década de 1970 el Estado colombiano comenzó la lenta adopción de las políticas multiculturales que habían sido acordadas por las instituciones para-estatales a nivel global. En 1974 empezó a tomar forma una nueva moral en las relaciones con los indígenas. El punto de inflexión fue el concordato de 1973, ratificado por la Ley 20 de 1974. Mientras que el concordato anterior y las convenciones sobre misiones permitieron la creación de un Estado dentro del Estado que se encargó de los indígenas y dejó las manos libres a la iglesia el nuevo tratado con el Vaticano solamente estableció que "El Estado y la Iglesia colaborarán en la pronta y eficaz promoción de las condiciones humanas y sociales de los indígenas". Aunque las vicarías y prefecturas apostólicas siguieron existiendo y la influencia de la iglesia en zonas indígenas siguió siendo prominente (incluso en términos del empoderamiento político de las comunidades) los efectos de las nuevas regulaciones estatales frente al "problema" indígena, desde una perspectiva no asimilacionista y auto-gestionaria, fueron inmediatos y empezaron a configurar las políticas multiculturales.

Tierradentro es un escenario multicultural donde los *otros reales* se apartan del guión de los *otros virtuales* y crean conflictos que el Estado adjetiva con epítetos antes solo acomodados a las organizaciones armadas. Allí se puede ver cómo el Estado y sus discursos asociados promueven la diversidad y limitan la diferencia; cuando no lo logran recurren a la estigmatización. La educación es el mejor ejemplo porque alrededor de ella se han producido los enfrentamientos más graves en la zona entre indígenas y no indígenas. Siguiendo políticas trazadas desde la década de 1980 y ante presiones de movilización comunitaria la Gobernación del Cauca expidió el Decreto 0591 en 2009 que cobijó a los colegios y escuelas de la zona de San Andrés bajo criterios etnoeducativos, es decir, tratamientos especiales y autónomos por considerar que se trataba de establecimientos ubicados en zonas indígenas y que atendían poblaciones indígenas. El decreto fue acordado con las autoridades indígenas, respondiendo a su lucha por establecer lo que llaman *educación propia*. Sin embargo, en abril de 2010 la Gobernación expidió el Decreto 0102 excluyendo esas instituciones y violando los acuerdos alcanzados con los nasa de San Andrés con el argumento de inconformidad por parte de algunos sectores de la comunidad educativa. La respuesta de los indígenas fue rápida: el 22 de abril ocuparon el colegio de San Andrés de Pisimbalá —cuyos estudiantes eran nasa y no nasa— en una movilización efectuada en el marco de lo que llamaron "minga de resistencia por el derecho a la educación propia". La ocupación del colegio ocurrió en la misma época de cierre del hotel de turismo y, un poco más tarde, del parque arqueológico. El hotel, en manos de la Corporación Nasa Kiwe, fue cerrado en junio de 2010 alegando amenazas contra sus empleados y fue reabierto en diciembre de ese mismo año, en buena medida debido al apoyo manifestado por la comunidad. Entre junio y julio de 2010 el director del ICANH envió comunicaciones al cabildo de San Andrés, al alcalde de Inzá y al Director de Asuntos Indígenas advirtiendo sobre los peligros que corría, en su opinión, el patrimonio arqueológico de la zona ante hechos ocurridos en los meses previos. Parte de sus preocupaciones estaba fundada en rumores de una toma del Parque Arqueológico por parte de los indígenas. La toma del colegio y la toma del parque surgieron, así, como dos partes de un mismo propósito: reclamo de soberanía territorial, cultural e histórica de los nasa. El 30 de agosto de ese año el ICANH decidió cerrar el parque arqueológico con el argumento de la imposibilidad de proteger a los turistas ante la amenaza de violencia. El asunto fue leído de otra manera por varios líderes locales: el Estado buscaba limitar el radicalismo indígena atizando el malestar de los campesinos, cuya vida depende, en buena medida, del turismo que llega al parque. Sin el parque y sin sus ingresos los campesinos se volvían bazas importantes en el juego que se estaba jugando y del cual, hasta entonces, estaban prácticamente marginados. El cierre no duró mucho: el parque fue reabierto el 7 de octubre.

Este artículo es un registro de los acontecimientos recientes (arqueológicos y de otro tipo) y una opinión cándida sobre la situación en la zona; es, entonces, una arqueología etnográfica, una arqueo-etnografía en sentido lato.

Cronología y suerte de un plan de manejo

Para llevar a cabo la propuesta del Plan de Manejo el ICANH elaboró unos términos de referencia e invitó a la Universidad del Cauca, con mi coordinación, a realizarlos. Entonces se convocó a las autoridades del resguardo de San Andrés, en cuyos terrenos se encuentra el parque arqueológico, a una reunión el 15 de mayo de 2009 para presentar y discutir los términos de referencia y la conformación del equipo de trabajo propuesto por la Universidad del Cauca. El resultado mínimo de la reunión fue que las autoridades indígenas rechazaron que los términos de referencia no hubiesen sido concertados con ellas, sobre todo teniendo en cuenta acuerdos establecidos previamente con el ICANH sobre consultas en caso de acciones en el parque, y manifestaron que se pronunciarían al respecto más adelante. Lo hicieron. El 24 de julio de 2009 los gobernadores de los cabildos indígenas del municipio de Inzá, en Tierradentro, enviaron una comunicación al ICANH y rechazaron la propuesta por inconsulta y excluyente. En esa comunicación expresaron que

> [...] se tenga en cuenta las operaciones, expresiones u opiniones y saberes de las comunidades indígenas, representadas por sus autoridades tradicionales, respecto a cualquier intervención que implique diagnóstico, estudio, investigación o inversión referente a los aspectos arqueológicos, antropológicos, etnográficos, lingüísticos e históricos, en este caso específico respecto al denominado Plan de Manejo Arqueológico, acción que se desarrollará sin el conocimiento y autorización

previa de las comunidades indígenas legítimas, depositarias del derecho a ser partícipes de las decisiones que las afectan, máxime si son objeto científico o de estudio. Considerando los aspectos previos, exponemos a ustedes que en el marco del Plan de Vida de los resguardos y cabildos indígenas del Municipio de Inzá se estará analizando, discutiendo y proponiendo las actividades relacionadas con el tema arqueológico, etnográfico y turístico. Por lo tanto, hasta que no sea posible y divulgue los componentes conceptuales legitimados desde la máxima asamblea de cabildos de Inzá, cualquier intervención previa carece de reconocimiento y validez jurídica y administrativa.

La declaración de los gobernadores enfatiza cuatro puntos y pone de presente (a) las opiniones de la comunidad sobre asuntos que la academia y el Estado consideraban dominio exclusivo del conocimiento experto; (b) el propósito de discutir estos asuntos en su propio marco conceptual, el Plan de Vida; (c) la legitimidad de las comunidades; y (d) la declaratoria del Plan de Manejo como ilícito. Por primera vez el instituto guardián del patrimonio arqueológico nacional y la academia fueron confrontados por una organización de base de una manera tan directa y comprensiva; por primera vez las acciones de una institución que trabaja dentro de un marco legal reificado son declaradas ilícitas (e ilegales, por contera) por una organización que opera, en no pocas ocasiones, fuera de ese marco. Tal vez por primera vez en la historia de las políticas patrimoniales emanadas desde el Estado e impuestas verticalmente se creaba un espacio que ponía de presente las diferencias ontológicas entre las partes.

El sentido político y cultural de la declaratoria de "ilegalidad" al Plan de Manejo del ICANH por parte de los gobernadores de los cabildos de Tierradentro debe entenderse desde su cosmovisión. Para los nasa no existe la concepción de lo "malo" sino de lo no bueno: *ewme kayatxisa* —ew/me/ka-yatxisa (bueno/no haber/que hace-pensar;

el no haber de lo bueno que hace pensar; la vaciedad de lo bueno en el pensar hace lo no bueno)—. Lo no bueno también es bueno en la medida que se administren, racionalmente, los actos que conduzcan a ello. Lo bueno y lo no bueno están en el quehacer del pensar. Un hecho o una acción puede carecer de *ewme,* es decir la vaciedad de lo bueno que lleva la acción que carece del contenido de lo bueno. *Ewme* es una palabra compuesta que señala, al mismo tiempo, lo bueno y no bueno; de allí que lo malo no existe. *Ew* denota la categoría de lo *bueno* y *me* es el *no haber* que indica la ausencia de lo no bueno del contenido de una acción. Pensar en aquello *que hace pensar* en lo no bueno es el sufijo *ka* y el *yatxisa* viene de la raíz de la palabra *yatxnxi* que es pensar a partir del uso de la memoria. En suma, *ewme kayatxisa* es la vaciedad de lo bueno que hace pensar en lo no bueno en la realización de una acción. Es lo *ilícito*, lo que no debe ser y es rechazado. El rechazo radica en la forma de pensar que es la acción de hacer memoria; el recuerdo siempre está presente en la toma de decisiones. Lo nuevo, sobre todo si es de modo arbitrario, fracciona el equilibrio. Allí comienza a originarse la *ilicitud*.[58]

El rechazo de los gobernadores a los términos de referencia del Plan de Manejo es una impugnación —política y cultural— a una propuesta institucional que la comunidad considera lesiva de su autonomía, su empoderamiento y su cosmovisión. Para los nasa la pretensión institucional de proceder con el plan de manejo de un parque arqueológico situado en su territorio es ilegal en otros dos sentidos: porque pretende desconocer una autonomía constitucional (la de la jurisdicción local) soportada por mandatos internacionales (el Convenio 169 de la OIT, por ejemplo) y, fundamentalmente, porque trata la temporalidad nasa como un elemento meramente anecdótico —pero que suma valor al exotismo que se vende en el parque y sus museos—.

---

58 Estas anotaciones desde el nasa yuwe fueron hechas por Juan Carlos Piñacué y forman parte de un artículo que escribimos juntos (Gnecco y Piñacué 2016).

En una de las reuniones entre el ICANH y la comunidad de San Andrés un líder manifestó que "el ICANH y su plan deben ajustarse al tiempo indígena". El mensaje de fondo es que cualquier intervención estatal que carezca de la participación comunitaria —no periférica, como quiere el multiculturalismo, sino estructural— también carece de legalidad frente a la concepción nasa de lo legal. En últimas, los nasa rechazan el plan de manejo porque no es justo —injusticia, la fuente última de lo ilícito/ilegal—. No es justo porque crea tensiones, rompiendo un equilibrio amplio y comprensivo. La injusticia es enfrentada por los nasa defendiendo el lugar, la permanencia y la vida en el territorio —*uma* (madre)—.

Los gobernadores impugnan a la institucionalidad desde una emergencia discursiva, desde "una pura distancia, el hecho de que los adversarios no pertenecen a un mismo espacio" (Foucault 1991b: 126) ni a un mismo tiempo. (Su agenda puede ser —y muchas veces es— abiertamente anacrónica si se la ve desde la temporalidad moderna). La no coincidencia de tiempos y espacios es una herencia moderna. Guillermo Bonfil señaló hace ya cuatro décadas que

> [...] las repercusiones culturales de la situación colonial se tradujeron en lo que puede llamarse, en forma gruesa, un "enquistamiento", generalmente a nivel de comunidad local. Los grupos indígenas se volvieron sobre sí mismos y reforzaron los nexos internos de la comunidad… La identidad étnica se apoya, en estos casos, en la pervivencia de una cultura sometida, de carácter marcadamente defensivo y aislante (1970: 50).

Una lectura moderna de esa situación hubiera dicho que el "enquistamiento" era una aberración primitiva, una negativa de los indígenas a subir al carro del progreso, un atavismo primordial irresponsable que los condenaba al atraso por voluntad propia. Pero estamos en otros tiempos y esa lectura ya no tiene cabida —se ha vuelto anacrónica, claro—. Una lectura al uso es la multicultural: el "enquistamiento", acaso, es visto como una sobrevivencia de la modernidad que debe ser organizada y canalizada a través de la concesión de autonomía limitada, sujeta a condiciones de lugar y pertenencia. Pero las organizaciones sociales no ven sus conquistas como concesiones del Estado y el aparato institucional sino como fruto de una lucha más vieja que la república. La lectura multicultural enfrenta buenas intenciones, rápidamente vestidas de incomprensión, con atrincheramientos radicales —en un sentido pleno de raíz, de vuelta al mundo de abajo, el inframundo donde está escondido lo que los ancestros tuvieron la buena fortuna de escamotear a la voracidad genocida de los invasores—. Allí, en esa lectura intencionada, no está el lugar para pensar una relación distinta del ICANH y la Universidad con las comunidades de Tierradentro. Ese lugar es otro, está en otra parte.

La resolución de las tensiones creadas por comportamientos y acciones injustos (ilegales/ilícitos) así concebidos desde los dominios entrecruzados de la política y las creencias puede yacer en el entendimiento de cosmovisiones locales que permitan construir agendas programáticas (incluso metodológicas) que respeten caminos de relación justos, correctos, legítimos, lícitos. Ese entendimiento debe empezar por reconocer que los nasa han estado siguiendo las enseñanzas de Manuel Quintín Lame (2004), el líder de la primera mitad del siglo XX que trastocó dos formas venerables de dominación: la de la cultura sobre la naturaleza y la de la modernidad sobre los indígenas. En el manifiesto de Lame (escrito en 1939 pero no publicado hasta 1971), aún conocido como *La doctrina*, las connotaciones negativas modernas hacia la naturaleza —que reificaron la idea de que la historia es un largo viaje hacia su desaparición ontológica— asumieron un carácter positivo y afirmativo. El *otro* étnico hablante colapsó la legalidad y legitimidad modernas: volvió lo natural una virtud (Lame fue educado por la naturaleza, la única escuela cuya validez reconocía) y dejó claro que los indios eran buenos y los blancos malos. El equilibrio roto por la maldad de los blancos sobre la bondad de los indios solo podría ser restaurado por la *ley de la compensación*, males divinos que caerían sobre quienes maltrataron a su gente. La convulsión retórica de

Lame, política hasta los tuétanos (y maniquea, también), fue la declaración más sonora jamás emitida hasta entonces por un indígena sobre la historicidad de pretensiones vernáculas vueltas universales por medios coloniales. Pero su voz fue silenciada, encarcelada, exiliada. Pasaría más de medio siglo antes de que sus enseñanzas encontraran terreno abonado donde florecer en la legitimidad (política y de otra clase) alcanzada por las comunidades indígenas —tanto por la fuerza como, por otro camino y con otras intenciones, por las políticas multiculturales—. Mientras que las provisiones constitucionales y legales reconocieron autonomías étnicas limitadas y circunscritas las comunidades presionaron para que su opinión contara en la definición de las políticas públicas, incluso en asuntos contenciosos que el Estado reformado no estaba tan dispuesto a discutir, como el simbolismo histórico y la hasta entonces dominación incuestionada del mercado. En manos de las comunidades esos asuntos abandonaron sus aposentos tradicionales en los edificios expertos —lejos de la masa ignara y confinados a la vigilancia grave de los profesionales— para convertirse en elementos centrales en la definición de los planes de vida, diseños para una vida mejor ampliamente discutidos. Los planes de vida no son, solamente, diseños para la vida interna de las comunidades sino, también, para sus relaciones con las retóricas globales. En ese sentido, los nasa consideran ilícita la ausencia de lo-que-debe-ser, esto es, el contenido legítimo de una acción. Lo-que-debe-ser es una acción respetuosa de su *yatxnxi* (pensamiento). Las amenazas al *yatxnxi* son enfrentadas con actos que buscan preservar su mundo y su vida colectiva. El plan del ICANH tocó aspectos sensibles de la vida nasa y fue rechazado porque no tuvo en consideración el plan de vida de las comunidades y estaba basado en conceptos (patrimonio, arqueología, nación, objetos, pasado o parque) ajenos a su cosmovisión. Por ejemplo, el *patrimonio* no existe para los nasa. Los discursos institucionales diferencian entre patrimonio tangible e intangible mientras para los nasa lo "intangible" son los espíritus contenidos dentro de lo "tangible". No son independientes sino inseparables; mejor, no pueden ser conceptualizados así y el nasa yuwe carece de palabras para nominarlos como entidades separadas. No son parte de una dualidad sino una unidad. El *boom* del patrimonio, alimentado por el mercado, que elevó los bienes "tangibles" e "intangibles" a riqueza explotable y a simbolismo gobernable, violenta la cosmovisión nasa porque objetiva el tiempo para volverlo mercancía y objeto de gobierno y está edificado sobre una concepción de historia que les resulta inconcebible. Los pueblos indígenas en Colombia, como en otras partes del mundo, están ahora preocupados por la mercantilización de las enseñanzas de sus ancestros y cómo han sido reducidas a categorías extrañas. La manera como la industria patrimonial exhibe el patrimonio para la venta, por ejemplo, insulta el carácter reservado de lo sagrado. Un líder nasa fue tan lejos como para sugerir que "las tumbas exhibidas en el parque arqueológico nunca debieron ser abiertas y deberían ser cerradas". El turismo, por lo tanto, aguarda ser reevaluado y redefinido por la comunidad.

Una lista esquemática e imprecisa de relaciones —no indígena/indígena, patrimonio/ancestros, arqueológico/sagrado, turismo/reservado, intangible/espíritu-cuerpo, tangible/cuerpo-espíritu— muestra que fue dañino y agresivo diseñar un "plan de manejo" en un territorio indígena ignorando los planes de vida nasa, precisamente donde convergen su conocimiento y su pensamiento. Por eso establecer la legitimidad de la perspectiva subalternizada —una perspectiva negada por la ley y las instituciones porque la consideran ilegítima— es un asunto político y una confrontación ontológica. Eso no puede ser hecho solo apelando a principios morales o buenas intenciones, típicamente multiculturales —la consulta previa, por ejemplo—. Sólo puede ser firmemente establecido desnaturalizando las condiciones metafísicas y ontológicas en las que está basada la legalidad institucional y mostrar que son resultado de relaciones históricas concretas atravesadas por relaciones de poder.

Para las comunidades de Tierradentro la ilegalidad/ilicitud de los términos de referencia del plan de manejo descansó en cosmovisiones en conflicto, en concepciones divergentes del tiempo y su encarnación. La historia nasa no reside en el pasado sino en el presente; vive en quien la enuncia, independientemente de su estatus o condición. Hablar de lo histórico/relacional en términos arqueológicos con un nasa es un diálogo desigual porque supone que lo arqueológico contiene el pasado, entonces recordado en segmentos temporales (bien codificados en las tipologías, fases y horizontes de los arqueólogos). Si lo arqueológico fuese leído desde la cosmovisión nasa —una propuesta extraña porque los nasa no comparten el pensamiento temporal de los arqueólogos— habría que decir que no contiene el pasado porque este es implícito y solo gana relevancia en el espíritu. La historia nasa no habla del tiempo moderno y no está separada del espacio. La temporalidad nasa está atada al lugar: reside en seres vivos o muertos como lugar. Los seres siempre están en el lugar de la memoria. El tiempo como lugar es la realización de que todo lo que allí vive tiene vida/espíritu. El tiempo histórico no transcurre; solo lo que está en el lugar transcurre. El lugar de su pensamiento vive en hechos y éstos acontecen. La temporalidad nasa está resumida en el concepto *neesnxi* (permanencia): uno no está en el tiempo sino en el lugar.

Tener en cuenta la cosmovisión nasa, las necesidades y expectativas de la comunidad, en fin, su opinión frente a asuntos centrales para su vida condujo a que la relación entre el ICANH/Universidad y la gente de Tierradentro se replanteara en otros términos. Así, en septiembre de 2010 la gobernadora y algunos miembros del Cabildo de San Andrés, la presidenta de la Asociación de Cabildos Juan Tama y yo nos reunimos para conversar sobre el impugnado plan de manejo, partiendo de que el ICANH abandonaba los términos de referencia iniciales y estaba dispuesto a consensuar términos nuevos que satisficieran a las partes. La comunidad expresó su interés en participar en un proceso amplio de reflexión y consulta sobre patrimonio, turismo, historia y territorio y sobre su relación con el Estado y sus vecinos no indígenas —a condición de que se reconociera que la comunidad exhibiría lo ontológicamente diferente: sitios sagrados, ascendencia, territorio—.⁵⁹ Para hacerlo se propuso adoptar la metodología de trabajo que ha llevado a una movilización amplia de la comunidad en torno a la problemática educativa. Esa metodología está basada en asambleas (por veredas, inicialmente, y generales, después) y talleres y complementada con grupos de trabajo específicos. La conversación entre el ICANH, la Universidad del Cauca y la comunidad permitió pensar una propuesta concebida y formulada por la gente de Tierradentro (no solo por sus autoridades), con amplia participación, para recuperar, reconocer y reapropiar la memoria y los saberes sobre el manejo y sus relaciones con el territorio ancestral de *wêdx yu'* (resguardo de San Andrés de Pisimbalá).

Pero en 2012 la administración del ICANH cambió de manos; también lo hizo el cargo de gobernador del cabildo de San Andrés.⁶⁰ El nuevo director del ICANH decidió poner fin a los acuerdos alcanzados con la comunidad; en negociaciones turbias, respaldadas por el nuevo gobernador, el plan presentado por las autoridades y el pueblo de San Andrés y ya aceptado por la administración anterior fue archivado. Una oportunidad única y sin precedentes fue desperdicia. Pero la composición de fuerzas está cambiando rápidamente y el tiempo madura para que esa oportunidad pueda alentar de nuevo. Esto parece estar sucediendo

---

59 En el terreno de la semántica, tan aparentemente inofensivo, se juegan las asimetrías y las relaciones de fuerza. En los términos de referencia del plan de manejo las comunidades son "adyacentes" al parque, mostrando su centralidad otorgada y, sobre todo, su lugar en una ontología de dominación —de facto, cómo no, pero también simbólica (ese es el trabajo de la historia y de la arqueología)—. Mientras el ICANH y el aparato académico siguen hablando de *sitios arqueológicos* la comunidad habla de *sitios sagrados*. No se trata de conceptos intercambiables, de equivalentes entre una cosmovisión y otra; son, en realidad, abismos de diferencia.

60 Desde tiempos coloniales el período del gobernador y de otros oficiales indígenas es de solo un año. Un período tan corto se traduce, muchas veces, en que algunas políticas no tienen la continuidad necesaria para ser realizadas.

ahora. En enero de 2015 el director del ICANH renunció y el gobernador de San Andrés fue reemplazado. El nuevo gobernador está dispuesto a comprometerse con el proceso que había sido llevado a un punto muerto y han resurgido las voces que exigen la aprobación de los términos de la comunidad en relación con el plan de manejo. Veremos qué pasa. Veremos qué tan potente es la inercia institucionalidad y qué tan capaz es la resistencia de quebrantarla.

Confesiones de un postarqueólogo

Para John Dendy

Tengo cincuenta y seis años. Pasé veinte años de mi vida haciendo arqueología (moderna), y una de las menos imaginativas y más irresponsables, la del poblamiento de América. Hace unos tres lustros comencé a dudar de lo que hacía y esa duda terminó convertida en certeza: no quiero seguir siendo arqueólogo en el sentido moderno. ¿Cómo puede alguien invertir tanto tiempo en una ocupación que termina abandonando? ¿Cómo puede dejar atrás la seguridad del sentido corporativo, el fuerte *esprit-de-corps* que caracteriza una profesión? ¿Cómo puede saltar al vacío, cambiar el suelo sólido y firme conquistado con la construcción de un nicho académico por el tremedal de una vida nueva? Esta crónica es un recorrido cándido por ese desencanto que es, al mismo tiempo, el ingreso a un mundo lleno de sugerencias y posibilidades. En vez de vacío, entonces, pura plenitud.

Años de tiestos y clasificaciones

Empecé a estudiar arqueología en 1977, matriculándome en el programa de antropología de la Universidad del Cauca, entonces joven —había sido creado en 1970, a imitación de otros programas hechos con la estructura de cuatro subdisciplinas—. Mi profesor de arqueología, un sujeto pomposo y oscuro cuyo nombre prefiero olvidar, profesaba una disciplina simple y elemental: excavaba en el campo (ese lugar icónico donde ocurre el encuentro del arqueólogo con el pasado) y clasificaba en el laboratorio, una vieja casa en un patio trasero de uno de los edificios coloniales de la universidad. Como parte de su grupo de investigación aprendí a hacer perfiles rectos; a llevar registros meticulosos de lo excavado; a separar lo hecho de los humanos de lo hecho por la naturaleza; a llenar formatos interminables que discriminaban forma, tamaño y materia prima. No había teoría. El profesor había sido lapidario: la arqueología es una disciplina empírica que trata con cosas, no con ideas. Tampoco había presente: el arqueólogo trabajaba con el pasado y sus tratos con los acontecimientos cotidianos no eran parte de su ocupación; eran, acaso, devaneos de una vida paralela que no podía (no debía) inmiscuir sus sórdidas manos en el mundo limpio e higiénico de la historia.

Mientras tanto, el mundo bullía a mi alrededor.

El Cauca, el departamento donde está la universidad, era uno de los bastiones del anacronismo: aferrándose a tiempos ya pasados en casi todo el mundo las violentas elites aristocráticas locales trataban de sostener un férreo sistema feudal, entonces amenazado por la creciente organización indígena. En una descarada alianza con la fuerza pública y con los jueces pusieron en marcha medidas de presión sobre los líderes indígenas para forzarlos a volver a la época sumisa que tanto añoraban —las elites, no los líderes—. Los desalojos de tierras recuperadas, la persecución judicial y los asesinatos fueron frecuentes. Las viejas elites no andaban con timideces. El Departamento de Antropología, donde se discutían las ideas de los antropólogos mexicanos que criticaban el indigenismo, hizo eco de las reivindicaciones indígenas. Varios estudiantes y algunos profesores participaron del movimiento que se gestaba y la Facultad se volvió un lugar de agitación y confrontación. Las asambleas estudiantiles ocurrían varias veces por semana. Acudía a ellas y trataba de participar, pero mi ocupación con el pasado, tal y como había sido instruido, me mantenía al margen de cualquier activismo. Un día estaba esperando el inicio de una asamblea y una mujer que me encantaba, también estudiante de antropología y a quien había visto a distancia sin nunca haber reunido el valor suficiente para hablarle, me dirigió la palabra por primera vez y me preguntó si iría a la asamblea. Con el corazón latiendo acelerado y las manos sudorosas me aprestaba a decirle que sí, que desde luego, cuando cortó toda esperanza: ella misma respondió su pregunta, diciendo que yo no asistiría porque era arqueólogo. Acababa de ser matriculado, por mano ajena, en el mundo descontextualizado y autista de la arqueología.

En 1980 el sujeto pomposo y oscuro, a la sazón jefe del Departamento de Antropología, se las ingenió para que el rector de turno comprara su idea de que antropología estaba llena de comunistas peligrosos. Veinte estudiantes, algunos compañeros míos, fueron expulsados de la universidad. Aunque fueron readmitidos dos años después, cuando llegó a la rectoría un demócrata que derogó la medida de expulsión, el daño ya estaba hecho: dejé de trabajar en el equipo de investigación de ese sujeto y pasé la mayor parte de mi tiempo restante en la universidad leyendo poesía y conociendo los rincones nocturnos de la ciudad que me habían sido negados hasta entonces.

En 1985, tres años después de terminar el pregrado, llegué a un jardín con senderos que se bifurcaban: uno conducía a la literatura; el otro a la arqueología. Tomé el segundo camino (todavía no sé bien por qué) y pensé necesario seguir estudiando. Si iba a ser arqueólogo, sería un arqueólogo de verdad. Contemplé la posibilidad de ir a España, un país que adoraba, pero un amigo de mis padres, antiguo funcionario de educación con una autoridad impoluta, me convenció de que la modernidad estaba en otra parte. Hice maletas y partí para Estados Unidos.

Mi encuentro con Paul Feyerabend

En 1987 llevaba ya un año en St. Louis haciendo un doctorado en antropología —aunque la única antropología que estudié fue en un curso general de primer semestre; los demás eran cursos de arqueología científica dura, entonces y hoy todavía muy popular en Estados Unidos—. Ese año me inscribí en un seminario de teoría arqueológica con Pat Watson, reputada popularizadora del programa científico. De ese seminario recuerdo poco (lo usual: Taylor, Clarke, Binford y, a regañadientes, Hodder) pero quedará para siempre en mi memoria y mi afecto John Dendy, otro estudiante del doctorado. Hippie militante, con pelo largo como símbolo de su militancia y el orgullo imborrable de haber estado en la marcha a Washington junto a Martin Luther King y otras miles de personas, John se volvió un amigo entrañable. Un día, casi al azar y en un corredor, me preguntó si conocía a Paul Feyergabend (*Figura 3*). Cuando le dije que no, que no lo conocía, John me tenía reservada una sorpresa mayúscula. Al día siguiente apareció en mi oficina con su ejemplar ajado de *Adiós a la razón*. Al leerlo sentí la misma conmoción, el mismo zumbido, la misma ansiedad, que había sentido once años atrás, aún en bachillerato, cuando leí los libros del filósofo antioqueño Fernando González, que cambiaron mi vida para siempre. (Soy un sujeto libresco. No creo en la división entre vida y libros. Creo que la vida también está en los libros, y de una manera especial: condensada, filtrada, elevada a sus más altas cimas o rebajada a sus más profundas miserias. Los libros son la vida de otra manera.) *Adiós a la razón* puso de manifiesto a un hombre de 27 años que la cosmovisión con la que operaba (y en la que creía, acaso dentro de una fe irreflexiva) podía profesar niveles extremos de violencia.

Feyerabend había recorrido una senda particular: de discípulo de Karl Popper y creyente fervoroso del positivismo había pasado a ser un duro crítico de la ciencia, esta vez ya no desde las finuras de la discusión filosófica sobre la relación entre mundo y representación sino desde su operación política. Feyerabend me mostró que el discurso de la ciencia no solo podía ser falible, algo que ya conocía por mi cercanía con las discusiones sobre el tema, sino cuestionable, sobre todo cuando se arroga el derecho a decidir por los demás el camino al conocimiento y, en últimas, las decisiones sobre la vida y la muerte. La imagen trastocada del "experto", ese ser que Feyerabend despreciaba con toda la fuerza de su retórica potentísima, empezó a encarnar a mi alrededor. A trompicones, con dolor y seguramente con asombro, poco a poco también encarnó en mí. La duda sobre el conocimiento experto y sus acólitos tomó la forma de una expiación y, desde entonces, de una militancia en contra de su arrogancia y de su violencia.

Figura 3. Paul Feyerabend trabajando, tomada de Paul Feyerabend Foundation: http://pkfeyerabend.org/en/paul-k-feyerabend/

Aurelio Arturo, el poeta del sur de mi país, escribió: "Los días que uno tras otro son la vida". Mi encuentro con Feyerabend bien puede ser apenas uno de esos días, pero ¡qué día! En el otoño de 1987, en una bella ciudad del Medio Oeste de Estados Unidos, acababa de perder la inocencia. Mi relación con la arqueología, con esa arqueología científica y descontextualizada que había ido a aprender a ese país, entraba en una etapa de cuidados intensivos. Bastarían otros eventos para sellar la separación. No tardaron en llegar.

Nueva constitución, viejos asuntos

En 1991 Colombia estrenó constitución. El asunto no hubiera tenido demasiada importancia en una región del mundo donde las constituciones se modifican o se cambian al vaivén de los deseos de los gobernantes de ocasión pero esta vez se trataba de algo diferente. La presencia de varios representantes de una política alternativa en la Asamblea Nacional Constituyente, encargada de redactar el borrador final del texto constitucional, auguraba cambios importantes. Sucedieron: se abandonó la idea centenaria de un país monoétnico y monocultural, perdió preponderancia el papel de la iglesia católica y se consagraron los derechos colectivos (que, desde entonces, han vivido una relación incómoda y tensa con los derechos individuales). Colombia entraba, cómo no, en la era multicultural.

En los años siguientes las disciplinas sociales, muchas de las cuales habían sido interlocutoras activas en los debates que condujeron a la nueva constitución, empezaron a participar en la construcción del nuevo país. Los antropólogos, en particular, jugaron un papel destacado en la consagración de los derechos de las minorías y de los derechos colectivos. Su participación en las discusiones de la Asamblea Constituyente, junto con sociólogos, historiadores y politólogos, ayudó a posicionar la idea de un país de muchas culturas y la necesidad de garantizar los derechos de los diferentes. Nada de eso sucedió entre los arqueólogos, pájaros anacrónicos afanados en ponerse a tono con el mundo moderno que estaba dejando de existir. La paradoja absoluta es que tanta urgencia modernizadora —mandar a estudiantes a obtener doctorados en el exterior; viajar a congresos internacionales; publicar en revistas y libros de distribución global, usualmente en inglés y arbitrados por pares igualmente convertidos a la religión de la ciencia;

implementar reformas curriculares— ocurría justo cuando Colombia dejaba atrás el monoculturalismo y entraba en el multiculturalismo. Los arqueólogos, ocupados en su negocio, quizás oyeron hablar de una nueva constitución y sobre autonomía y reconocimiento pero asumieron, una vez más, que el asunto no era con ellos. Y no era con ellos por tres razones fundamentales, a veces conectadas: porque están convencidos de que su estudio del pasado es muy importante para la humanidad; porque están satisfechos de sus concesiones multiculturales, acercándose a los *otros* pero sin mezclarse demasiado; porque adoran recibir los beneficios comerciales de la arqueología de contrato.

La gota que llenó mi copa fue un simposio sobre arqueología del poblamiento de América en La Plata, en 2000. Tres días de fechas de radiocarbono, modelos sobre caza y recolección y fotos de abrigos rocosos y puntas de proyectil fueron suficientes. Todo era lo mismo, pareciendo distinto. Sólo cambiaba el nombre del lugar y la antigüedad de la fecha —entre más vieja, mejor—. Tanto dinero y tiempo invertidos en esos trabajos, tantas vidas y carreras académicas gastadas alrededor de temas tan irrelevantes para los problemas actuales del mundo y de la sociedad. Podía entender que el plan último de la arqueología seguía teniendo relevancia para la temporalidad moderna pero todo me pareció tan banal, tan superficial, tan esotérico, tan alejado de los acontecimientos contemporáneos que, como me dijo alguien entonces, perdí el fuego secreto. El generoso afecto de tanta gente que había conocido trabajando en ese tema no bastó para retenerme en el redil. Abandoné, para siempre, la arqueología del poblamiento, que tanto me había dado —amigos, viajes, mis años felices en St. Louis, un atardecer sobrenatural en la pampa—.

Si mi situación con la disciplina parecía solo algo abstracto, algo que acontecía afuera, con los demás, la extraordinariamente rica y compleja realidad se encargó de hacerme ver que era concreta, dura y específica. En 2006 fui invitado a participar en un foro sobre el estado de la disciplina en el IV Congreso de Arqueología en Colombia que tuvo lugar en Pereira.

Participaron en el foro, además, un representante del Instituto Colombiano de Antropología e Historia, otro de la Fundación de Investigaciones Arqueológicas Nacionales y otro de los museos de arqueología. El aparato institucional, digamos, los guardianes de la ortodoxia. Preocupado, como estaba, por el destino de la arqueología en un país que cambiaba de piel hablé sobre responsabilidad, sobre política, cosas así. Hice una pregunta sencilla: si la arqueología debía su suerte al discurso nacional ¿qué pasaba con ella ahora que ese discurso hacía agua? A nadie importó mi intervención. Los asistentes estaban vivamente preocupados con lo que acontecía con las políticas de regulación del mercado de contrato como para que los desvelaran las simplezas contextuales que ofrecí.

La experiencia se repitió en 2010, esta vez al lado del mar. Los organizadores del VI Congreso de Arqueología en Colombia, en Santa Marta, creyeron que yo podría decir algo útil en la conferencia de apertura del evento. Como en las corridas de toros, en buena hora en declive, la apertura fue más festiva de lo que hubiera esperado. No era solo yo quien hablaría; también lo haría un arqueólogo argentino conocido por sus trabajos disciplinados. Así que éramos dos, y con visiones bastante opuestas. La mesa estaba servida. Mi compañero de faena habló sobre los usos de las observaciones etnoarqueológicas en la interpretación del registro. La suya fue una conferencia al uso y bien recibida: útil y disciplinaria. Yo hice una presentación histórica sobre arqueología y nacionalismo. Antes de viajar a Santa Marta había pensado que limitaría mi intervención a esas notas históricas, para que nadie se sintiera aludido, pero un viejo sentido de agitador me hizo extender los argumentos hasta la época actual. Hablé, entonces, de la soledad irresponsable de la arqueología académica, de la miseria de la arqueología de contrato, de la desvergüenza de la arqueología multicultural. Mis argumentos disgustaron pero nadie dijo nada en el espacio de preguntas después de la charla, salvo unos cuantos estudiantes despistados. Los arqueólogos establecidos y prestigiosos, cada uno cuidando su parcela de conocimiento y su sitio de trabajo (sus fechas, sus tipologías cerámicas, sus tumbas), permanecieron rigurosamente callados. Muchos, sin embargo, denostaron a mis espaldas, molestos y ofendidos porque uno de los suyos hablara en términos tan duros contra la arqueología. El viejo arqueólogo metafísico, que decía cosas ingeniosas de vez en cuando, se había convertido en un traidor. A medio camino entre la hipocresía y el desdén, mis viejos colegas dejaron de verme como colega. Poco a poco me había ido convirtiendo en un ruido molesto, pero inofensivo.

La vida está en otra parte

Entre 2007 y 2011 coordiné seminarios sobre arqueologías latinoamericanas en universidades de Colombia, México, Argentina y Brasil. Las acogidas de los seminarios, críticos de la arqueología moderna y propositivos de una práctica diferente, fueron tan dispares como sus audiencias. Mientras los estudiantes mexicanos me depararon la sorpresa de la heterodoxia, en un país tan sometido a la presencia normalizadora del Estado, en Argentina fui tomado fuera de base por la dureza del aparato disciplinar. En Tilcara, en la alucinante Quebrada de Humahuaca, el seminario fue un desastre. Varios de los asistentes quedaron vivamente ofendidos por mis argumentos, tan alejados de sus aprendizajes canónicos. Tenía poco sentido esperar, como esperaba (una prueba más de mi irredimible ingenuidad), que esos estudiantes estudiados en las aulas más ortodoxas del país respondieran de manera positiva a mis propuestas. El horizonte creativo y libertario que esperaba en ellos estaba solamente en mi imaginación. Este golpe contra la dura pared de los hechos llegó después de otro, que había sucedido pocos días antes. Aprovechando mi presencia en Tilcara para el seminario había sido invitado, como observador, a un encuentro entre arqueólogos y comunidades originarias (el nombre que se daba entonces a los indígenas en esa parte de los Andes) para tratar asuntos que se habían vuelto contenciosos recientemente. Los arqueólogos, por primera vez en sus muchas décadas de presencia en el noroeste argentino, habían sido enfrentados por los moradores de la Quebrada y de sus alrededores, quienes les reclamaban por irrespetar a sus muertos, robar sus pertenencias e ignorar a sus autoridades. El encuentro fue patéticamente postideológico, un vivo ejemplo de democracia y de desactivación de conflictos, sin resolverlos. Los arqueólogos propusieron compartir su conocimiento del pasado a través de investigaciones en las que no solo consultarían a las autoridades locales sino que dejarían participar a los lugareños. Los indígenas aceptaron su generosidad. El ejemplo del cual se partiría era una hoja llena de firmas (y sellos, muchos sellos) de aceptación por parte de las autoridades indígenas de un recóndito lugar de la puna de Jujuy que un arqueólogo de Buenos Aires, célebre por su defensa de la ortodoxia disciplinaria, había logrado obtener para su trabajo, vaya uno saber cómo. En esa hoja, sacada del maletín de cuero del arqueólogo con la misma elocuencia y ritualidad del conejo que sale del sombrero del mago, estaba todo escrito: los arqueólogos seguirían con su negocio pero darían espacio a los lugareños, quienes aceptaban la presencia de los intrusos e, incluso, ofrecían colaborar con ellos. Nada se discutió sobre la arrogancia de la colonialidad arqueológica, nada del vivo desinterés disciplinario por los asuntos actuales de la gente. Nada se dijo sobre el hecho lapidario de que los arqueólogos hablaban de una cosa y los indígenas de otra. El éxito del encuentro fue sellado, si mi memoria no me traiciona (o, quizás, gracias a la traición de mi memoria), con unos cuantos abrazos efusivos de las partes antes en conflicto y ahora acomodadas en una relación igual de dañina y de desigual pero bendecida y legitimada por la apertura multicultural.

Esos dos eventos académicos en Tilcara, uno con la inclusión de participantes no académicos (lo que realzó la grandeza democrática que ofrecían los arqueólogos), me hicieron entender la parábola bíblica de arar en el desierto y supe, sin dolor, que lo que yo buscaba no estaba en la academia (quizás no solo en la academia), tan conservadora, sino en otras partes —como las que había encontrado en una investigación conjunta con la comunidad nasa de Juan Tama, en el Cauca, y en la que el sentido de los conceptos modernos (tiempo, pasado, historia, arqueología, patrimonio) fue suspendido y abierto el campo para concepciones alternativas—. Este traspié con la academia me hizo ver que mi activismo por construir y posicionar una arqueología diferente —que escape a las dicotomías modernas, que dé el impulso para cambiar la disciplina (algo que la mayoría de los arqueólogos simplemente desdeña)— se encuentra en otro lugar, en red con otros agentes (pueblos indígenas, campesinos, habitantes de la ciudad, desposeídos) que también están interesados en los mismos temas que los arqueólogos pero por otras razones y a través de otras conceptualizaciones. Ese trabajo conjunto puede crear redes de conocimiento y acción en torno a temas cruciales como el tiempo, el pasado o los ancestros. Mi traspié, pues, afiló mi pesimismo con respecto al potencial transformador de la academia pero profundizó mi optimismo con respecto al potencial que ofrecen las redes con otras gentes.

Die hard

La arqueología no es una disciplina frágil que esté dispuesta a morir sin dar batalla. Sus tres siglos de existencia han creado un fuerte sentido corporativo y el convencimiento de que el conocimiento que produce es útil e importante para la humanidad; además, está feliz con el abundante dinero que ofrece el mercado de contrato. Pretender que renuncie buenamente a sus privilegios es una ilusión, como me ensañaron tres casos recientes, uno en las calurosas tierras del trópico americano y los otros dos en las heladas esferas electrónicas.

En 2010 viajé a Costa Rica, invitado por el Museo Nacional como parte de un grupo de "expertos" que habría de evaluar la postulación del paisaje cultural del Delta del Diquís como patrimonio de la humanidad. Fui por curiosidad, queriendo saber por qué había sido invitado a pesar de mi posición iconoclasta, y con ganas de conocer cómo operaba la maquinaria de la UNESCO por dentro. En el bus que conducía al grupo desde San José hasta el sur, a la caliente y húmeda frontera con Panamá, pregunté a los organizadores por qué estaba allí. La respuesta fue convencional, pero suficiente: les interesaba mi visión crítica del patrimonio. Los eventos siguientes se encargaron de que su interés fuera seriamente debilitado. El segundo día de la visita, después de conocer las impresionantes esferas prehispánicas de piedra que parecen hechas por poetas y que eran el plato principal de la postulación, los invitados presentaron sus áreas y períodos de trabajo. Una arqueóloga norteamericana y yo hicimos críticas básicas a las políticas de patrimonialización, claramente disonantes con lo que ya había sido dicho. La organizadora principal de la reunión, la entonces directora para América Latina del Centro Mundial de Patrimonio de la UNESCO, estaba visiblemente molesta con nuestras presentaciones; al fin y al cabo los "expertos" estaban allí para legitimar la operación patrimonial, no para poner palos en sus ruedas. Esa bella mujer, que parecía flotar en una nube de perfume mientras los demás nos cocinábamos a fuego lento en un horno de sudor, pidió nuestras cabezas. Le fueron entregadas: fuimos reseñados como *outsiders* problemáticos y quedamos fuera de la lista del grupo. Solidarizados en la desgracia, mi amiga de infortunio y yo planeamos una venganza sumaria: organizaríamos una reunión con activistas y académicos para cuestionar las políticas patrimoniales, especialmente las que se visten de humanismo trascendente. Convinimos en que el mejor lugar para hacerlo era Cusco, el centro del universo, y que aprovecharíamos la conmemoración de los cuarenta años de la Lista del Patrimonio Mundial para llamar la atención sobre lo que estaba aconteciendo, sobre todo los deletéreos impactos de la patrimonialización en las comunidades locales. Si en algún momento pensé que ese evento sería un acto de militancia contra esas políticas, estaba equivocado. Redacté un texto radical para que sirviera de convocatoria pero mi colega no estuvo de acuerdo. Varios correos de conciliación produjeron un texto crítico, pero algo complaciente, que no me dejó enteramente insatisfecho. Lo triste vendría después. Mi colega sugirió que invitáramos a ICAMH como patrocinador y yo no dije que no, sin saber bien en qué me estaba metiendo. A los pocos días recibí un correo, como copia, escrito por el presidente de ICAMH y enviado a un conocido "experto en patrimonio", invitándolo a ser uno de los conferencistas centrales de lo que ya no era una reunión contestataria sino un congreso de celebración.

El texto que incluía el mensaje como descripción del congreso no era el que habíamos redactado, salvo en unas pocas ideas; el sentido crítico había sido eliminado y lo que quedaba era una invitación a celebrar el cumpleaños de la lista de patrimonio, sin voces disonantes. Escribí a mi colega, pidiendo una explicación, que obtuve: nuestro texto inicial había sido reemplazado por este, diplomático y conciliador, porque ICAMH no podía (no quería) alienar a posibles participantes interesados en las políticas patrimoniales. Me pedía comprensión y me invitaba a que acomodáramos nuestra crítica radical a la UNESCO y sus adláteres en un simposio, uno más, en la ahora desvirtuada reunión de Cusco. Me negué. No iba a legitimar el sentido unidireccional de las políticas patrimoniales globales con una postura crítica, a la que se hacía espacio como prueba irrefutable de su democracia y de su inclusión.

Hace un tiempo el ciberespacio trajo a mi cuenta de correo electrónico dos discusiones fascinantes, ejemplos de que las listas de correos son teatros sociológicos inestimables. Aunque desde 2010 no renové mi membresía de tres décadas a la Society for American Archaeology, cansado de su férrea militancia disciplinar, seguía apareciendo como miembro del Comité Asesor de una de sus revistas, *Latin American Antiquity*. Los editores de la revista creyeron necesario consultar al comité sobre un artículo cuya publicación les parecía problemática porque usaba "evidencias" obtenidas de manera "ilegal" —una vasija prehispánica producto de guaquería—. Las decenas de correos cruzados entre los miembros del comité y los editores se extendieron por varios días y cubrieron el espacio de varias pantallas, una señal inequívoca de que todos estaban vivamente interesados en el asunto que se discutía. La conclusión final fue predecible desde el principio: el artículo tenía que ser rechazado. Hubo, sin embargo, un resultado de más largo alcance: era necesario endurecer la vigilancia disciplinar para que nada semejante volviera a ocurrir. Los arqueólogos habían cumplido su tarea a cabalidad: ser guardianes de la estructura binaria de la ontología moderna, a un lado de la cual está lo legal/permitido (la arqueología y sus relaciones conexas, como lo patrimonial) y al otro lo ilegal/reprimido (la guaquería y sus relaciones conexas, como el trato cotidiano de la gente con "lo arqueológico" sin la mediación policiva de la academia). En mis años de pertenencia a la lista de correos de la SAA nunca había presenciado nada semejante y no me sorprendió saber que ocurría alrededor de un asunto puramente disciplinario, ya prolijamente regulado por los principios éticos adoptados por las asociaciones profesionales.

La otra discusión es más vernácula. Los arqueólogos colombianos están laxamente relacionados alrededor de congresos y de eventos académicos más específicos pero los intentos por asociarlos gremialmente no han dado muchos frutos. Una medida reciente del Instituto Colombiano de Antropología e Historia parece cambiar la dirección de la marea. El ICANH creó, a comienzos de 2015, el Registro Nacional de Arqueólogos con la intención manifiesta de "establecer un procedimiento que tenga por objeto el registro y acreditación de los profesionales en materia arqueológica que podrán ser autorizados conforme a lo dispuesto en la ley y sus decretos reglamentarios para intervenir el patrimonio arqueológico de la nación". El ICANH creyó necesario ordenar la casa, sobre todo el amplio mercado de la arqueología de contrato, porque los muebles estaban fuera de lugar y muchos extraños se estaban sentando en ellos sin su permiso. El nuevo registro complementa medidas ya existentes, como la "autorización para exploración y/o excavación arqueológica", una licencia que permite "intervenir" el "patrimonio arqueológico" de la nación solamente a sujetos investidos para hacerlo. El instituto encargado de vigilar y proteger el patrimonio de los colombianos aprieta las tuercas en torno a lo que considera legítimo y legal con el propósito de dejar por fuera (penalizándolo, por contera) lo que considera ilegítimo e ilegal. Pero ante un pastel tan grande como el del mercado de contrato, que reparte dinero a discreción a cambio de la sumisión disciplinaria, los arqueólogos (profesionales o no tanto) no quieren nada que los limite, ni siquiera el representante de la institucionalidad, y por eso amenazan rebelión.

Esas dos discusiones virtuales y ese evento en el calor inverosímil son paradigmáticos de la situación actual de la arqueología: por un lado están las preocupaciones disciplinarias (la defensa del registro arqueológico, la importancia global del pasado que se excava e interpreta) que los arqueólogos no están dispuestos a negociar porque están convencidos de que son fundamentales (ellos, claro, y sus preocupaciones) para el destino de la humanidad y porque piensan que son los operadores designados de ese acto trascendente; por otro lado están las suculentas propinas que reparte el mercado de la arqueología de contrato. Por esas dos circunstancias (control académico y mercado de contrato), nada despreciables en términos de los privilegios que otorgan (académicos, cognitivos, económicos), la arqueología está dispuesta a dejar la piel en la batalla: fortalece el espíritu corporativo alrededor del esoterismo académico (más congresos, más revistas, más libros); endurece la vigilancia sobre lo que considera suyo (más leyes, más códigos éticos); reproduce su discurso (más programas universitarios, más espacios de divulgación); afila la soberbia (más concesiones democráticas, más conciencia ilustrada de su intervención).

Ante un panorama tan desalentador —por la dureza disciplinaria, cada vez más aguda, cada vez más templada— no es infrecuente que me pregunte qué hago aquí, por qué no estoy en otra parte. Cuando esas preguntas se vuelven agónicas —usualmente en medio de la noche, cuando los amados gatos rondan— pienso en lo que dice mi amigo Alejandro, en su entusiasmo indeclinable: no podemos dejar la arqueología a los arqueólogos. Así de simple. Si no podemos dejarla a los arqueólogos tenemos que buscarla en nuestras manos y en las manos de los demás que piensan, como nosotros, que la vida está en otra parte y de otra manera, fuera de los salones graves y esotéricos de la academia y lejos del aparato extorsivo de la modernidad y el desarrollo. Entonces aparece la arqueología más allá de las fronteras disciplinarias, aparece como mucho más que la disciplina y sus fronteras vigiladas. Aparece, ante todo, como una actitud distinta frente al mundo, el tiempo y la continuidad de la vida.

Referencias citadas

Achugar, Hugo
    2001   Ensayo sobre la nación a comienzos del siglo XXI. En *Imaginarios de nación. Pensar en medio de la tormenta*, editado por Jesús Martín-Barbero, pp 75-92. Ministerio de Cultura, Bogotá.

Alvarado, Margarita, Carolina Odone, Felipe Matura y Danae Fiore (Editores)
    2007   *Fueguinos. Fotografías siglo XIX y XX. Imágenes e imaginarios del fin del mundo*. Pehuén, Santiago.

Andah, Basey
    1995   Studying African societies in cultural context. En *Making alternative histories: the practice of archaeology and history in non-western settings*, editado por Peter Schmidt y Thomas Patterson, pp 149-181. School of American Research Press, Santa Fe.

Anderson, Benedict
    1991   *Imagined communities*. Verso, Londres.

Angelo, Dante
    2010   The compulsive construction of heritage: material culture and identity at the dawn of the 21st century in northwestern Argentina. Tesis Doctoral, Departamento de Antropología, Stanford University, Palo Alto.

Appadurai, Arjun (Editor)
    1988   *The social life of things: commodities in cultural perspective*. Cambridge University Press, Cambridge.

Assembly of First Nations/Canadian Museums Association
    1992   *Turning the page: forging new partnerships between museums and First Peoples*. Report of the Task Force on Museums and First Peoples.

Assembly of First Nations/Canadian Museums Association, Ottawa.

Atalay, Sonya
    2008   Multivocality and indigenous archaeologies. En *Evaluating multiple narratives: beyond nationalist, colonialist, imperialist archaeologies*, editado por Junko Habu, Clare Fawcett y John Matsunaga, pp 29-44. Springer, Nueva York.

Bender, Barbara
    1998   *Stonehenge: making space*. Berg, Oxford.

Benjamin, Walter
    1968   *Illuminations*. Schocken, Nueva York.

Bergesio, Liliana y Jorge Montial
    2008   Patrimonialización de la Quebrada de Humahuaca: identidad, turismo y después… Ponencia presentada en el encuentro Pre-Alas, Universidad Nacional del Nordeste, Corrientes.

Bernal, Segundo
    1953a   Aspectos de la cultura páez: mitología y cuentos de la parcialidad de Calderas, Tierradentro. *Revista Colombiana de Antropología* 1: 279-309.
    1953b   Medicina y magia entre los paeces. *Revista Colombiana de Antropología* 2: 219-267.
    1954   Economía de los paéz. *Revista Colombiana de Antropología* 3: 291-367.
    1955   Bases para el estudio de la organización social de los páez. *Revista Colombiana de Antropología* 4: 165-188.

Beverley, John
    2004   *Subalternidad y representación. Debates en teoría cultural*. Iberoamericana, Madrid.

Binford, Lewis
    1962   Archaeology as anthropology. *American Antiquity* 28(2): 217-225.

Blaser, Mario
    2009   Political ontology: cultural studies without "cultures"? *Cultural Studies* 23(5-6): 873-896.

Bolívar, Simón
    1969   Carta de Jamaica. En *Escritos políticos*, pp 61-84. Alianza Editorial, Madrid. [1815].

Bonfil, Guillermo
> 1970   Del indigenismo de la revolución a la antropología crítica. En *De eso que llaman antropología mexicana*, editado por Arturo Warman, Margarita Nolasco, Guillermo Bonfil, Mercedes Olivera y Enrique Valencia, pp 39-65. Nuestro Tiempo, México.
> 1982   El etnodesarrollo: sus premisas jurídicas, políticas y de organización. En *América Latina: etnodesarrollo y etnocidio*, editado por Francisco Rojas, pp 133-145. FLACSO, San José.

Borges, Jorge Luis
> 1975   *Prosa*. Círculo de Lectores, Barcelona.

Bourdieu, Pierre
> 1977   *Outline of a theory of practice*. Cambridge University Press, Cambridge.
> 2002   *Campo de poder, campo intelectual*. Montressor, Madrid.

Bray, Warwick
> 1992   El período Yotoco. En *Calima: diez mil años de historia en el suroccidente de Colombia*, editado por Marianne Cardale, Warwick Bray, Therese Gahwiler y Leonor Herrera, pp 75-124. Fundación Pro Calima, Bogotá.

Briones, Claudia
> 2005   *(Meta) cultura del Estado-nación y estado de la (meta) cultura*. Universidad del Cauca, Popayán.

Brubaker, Rogers y Frederick Cooper
> 2000   Beyond "identity." *Theory and Society* 29(1): 1-47.

Buchli, Victor (Editor)
> 2002   *The material culture reader*. Berg, Oxford.

Caldas, Francisco José de
> 1972   *Obras completas de Francisco José de Caldas*. Universidad Nacional, Bogotá.

Castañeda, Quetzil
> 1996   *In the museum of Maya culture: touring Chichén Itzá*. University of Minnesota Press, Minneapolis.

Castañeda, Quetzil y Christopher Matthews (Editores)
> 2008   *Ethnographic archaeologies: reflection on stakeholders and archaeological practices*. AltaMira, Lanham.

Clarke, David
    1973   Archaeology: the loss of innocence. *Antiquity* 47: 6-18.

Chakrabarty, Dipesh
    1993   Marx after marxism. A subaltern historian's perspective. *Economic and Political Weekly* 28(22): 1094-1096.
    2007   *Provincializing Europe: postcolonial thought and historical difference*. Princeton University Press, Princeton.

Chatterjee, Partha
    2005   The nation in heterogeneous time. *Futures* 37: 925-942.

Codazzi, Agustín
    1959   Antigüedades indígenas. En *Jeografía física i política de las Provincias de la Nueva Granada. Provincias de Córdoba, Cauca, Popayán, Pasto y Túquerres. Segunda parte: informes*, de Agustín Codazzi, pp 403-447. Banco de la República, Bogotá. [1857].

Cojti, Avexnim
    2006   Maya archaeology and the political and cultural identity of contemporary maya in Guatemala. *Archaeologies* 2(1): 8-19.

Colwell-Chanthaphonh, Chip, Thomas Ferguson, Dorothy Lippert, Randall McGuire, George Nicholas, Joe Watkins y Larry Zimmerman
    2010   The premise and promise of indigenous archaeology. *American Antiquity* 75(2): 228-238.

Conrad, Joseph
    1980   *El corazón de las tinieblas*. Lumen, Barcelona. [1899].

Cuervo, Carlos
    1920   *Estudios arqueológicos y etnográficos*. Editorial América, Madrid.

Deleuze, Gilles y Felix Guattari
    1994   *Mil mesetas. Capitalismo y esquizofrenia*. Pre-Textos, Valencia.

Deloria, Vine
    1992   Indians, archaeologist, and the future. *American Antiquity* 57: 595-598.

Domínguez, Virginia
  1994 A taste for the "other." Intellectual complicity in racializing practices. *Current Anthropology* 35: 333-348.
Dussel, Enrique
  1994 *El encubrimiento del otro*. Abya-Yala, Quito.
Edgeworth, Matt
  2010 On the boundary: new perspectives from ethnography of archaeology. En *Archaeology and anthropology: understanding similarity, exploring difference*, editado por Duncan Garrow y Thomas Yarrow, pp 53-68. Oxbow, Oxford.
Escobar, Arturo
  1998 *La invención del Tercer Mundo*. Norma, Bogotá.
  2005 *Más allá del Tercer Mundo. Globalización y diferencia*. ICANH-Universidad del Cauca, Bogotá.
Esteva, Gustavo
  1996 Desarrollo. En *Diccionario del desarrollo. Una guía del conocimiento como poder*, editado por Wolfgang Sachs, pp 52-78. Pratec, Lima.
Fabian, Johannes
  1990 Presence and representation: the other and anthropological writing. *Critical Inquiry* 16: 753-772.
Fahlander, Fredrik
  2004 Archaeology and anthropology: brothers in arms? On analogies in 21st Century archaeology. En *Material culture and other things. Post-disciplinary studies in the 21st century*, editado por Fredrik Fahlander y Terje Oestigaard, pp 185-211. Gotarc, Goteburgo.
Fanon, Frantz
  1973 *Piel negra, máscaras blancas*. Abraxas, Buenos Aires.
Foucault, Michel
  1968 *Las palabras y las cosas. Una arqueología de las ciencias humanas*. Siglo XXI, México.
  1991a A propósito de "Las palabras y las cosas". En *Saber y verdad*, pp 35-36. La Piqueta, Madrid. [1966].

1991b *Microfísica del poder*. La Piqueta, Madrid.

Friede, Juan
    1953 *Los Andakí, 1538-1947: Historia de la aculturación de una tribu selvática*. Fondo de Cultura Económica, México.

Gamio, Manuel
    1960 *Forjando patria*. Porrúa, México. [1916].

García, Néstor
    1989 *Culturas híbridas: estrategias para entrar y salir de la modernidad*. Grijalbo, México.

Garrow, Duncan y Thomas Yarrow (Editores)
    2010 *Archaeology and anthropology: understanding similarity, exploring difference*. Oxbow, Oxford.

Geertz, Clifford
    1973 *La interpretación de las culturas*. Gedisa, Barcelona.
    1996 Anti-antirrelativismo. En *Los usos de la diversidad*, de Clifford Geertz, pp 95-127. Paidós, Barcelona.

Gil, Francisco
    2010 Cuando vengan los turistas... ruinas arqueológicas, turismo y expectativas locales de futuro en Nor López (Departamento de Potosí, Bolivia). En *Pueblos indígenas y arqueología en América Latina*, editado por Cristóbal Gnecco y Patricia Ayala, pp 439-477. FIAN-Universidad de los Andes, Bogotá.

Gillespie, Susan y Deborah Nichols (Editores)
    2003 *Archaeology is anthropology*. American Anthropological Association, Arlington.

Gnecco, Cristóbal
    1996 Relaciones de intercambio y "bienes de élite" entre los cacicazgos del suroccidente de Colombia. En *Caciques, intercambio y poder: interacción regional en el Área Intermedia de las Américas*, editado por Carl Langebaek y Felipe Cárdenas, pp 175-196. Universidad de los Andes, Bogotá.
    1999 *Multivocalidad histórica: hacia una cartografía postcolonial de la arqueología*. Universidad de los Andes, Bogotá.

Gnecco, Cristóbal y Carolina Hernández
  2008   History and its discontents: stone statues, native histories, and archaeologist. *Current Anthropology* 49: 439-467.
Gnecco, Cristóbal y Juan Carlos Piñacué
  2016   The (il)licit, the archaeological. An ethnographic story of profanation. En *Challenging the dichotomy: the licit and the illicit in archaeological and heritage discourses*, editado por Les Field, Cristóbal Gnecco y Joe Watkins, pp 154-165. University of Arizona Press, Tucson.
González, David
  sf   *Los paeces o genocidio y luchas indígenas en Colombia*. La Rueda Suelta, Bogotá.
González, María Stella (Editora)
  2000   *Lenguas indígenas de Colombia*. Instituto Caro y Cuervo, Bogotá.
Gosden, Chris
  1999   *Anthropology & archaeology. A changing relationship*. Routledge, Londres.
  2001   Potscolonial archaeology. Issues of culture, identity, and knowledge. En *Archaeological theory today*, editado por Ian Hodder, pp 241-261. Polity Press, Oxford.
Gow, David y Joanne Rappaport
  2002   The indigenous public voice. The multiple idioms of modernity in native Cauca. En *Indigenous movements, self-representation, and the state in Latin America*, editado por Kay Warren y Jean Jackson, pp 47-80. University of Texas Press, Austin.
Green, Lesley
  2015   Archaeologies of intellectual heritage? En *Ethics and archaeological praxis*, editado por Cristóbal Gnecco y Dorothy Lippert, pp 229-243. Springer, Nueva York.
Haber, Alejandro
  2009   Animism, relatedness, life: post-Western perspectives. *Cambridge Archaeological Journal* 19(3): 418-430.

Hale, Charles
  2002   Does multiculturalism menace? Governance, cultural rights and the politics of identity in Guatemala, *Journal of Latin American Studies* 34: 485-524.
Hall, Stuart
  2000   Whose heritage? Un-settling "The heritage." Reimagining the post-nation, *Third Text* 49: 3-13.
  2010   *Sin garantías. Trayectorias y problemáticas en estudios culturales*. Universidad Javeriana-Instituto de Estudios Peruanos-Universidad Andina Simón Bolívar-Envión, Popayán.
Hamilakis, Yannis
  2007   From ethics to politics. En *Archaeology and capitalism: from ethics to politics*, editado por Yannis Hamilakis y Philip Duke, pp 15-40. Left Coast Press, Walnut Creek.
  2011   Archaeological ethnography: a multitemporal meeting ground for archaeology and anthropology. *Annual Review of Anthropology* 40: 399-414.
Handler, Richard
  2008   A dangerously elusive method. Disciplines, histories, and the limits of reflexivity. En *Ethnographic archaeologies. Reflections on stakeholders and archaeological practices*, editado por Quetzil Castañeda y Christopher Matthews, pp 95-117. Altamira, Plymouth.
Henman, Anthony
  1978   *Mama Coca*. Hassle Free Press, Londres.
Hollowell, Julie y Lena Mortensen
  2009   Introduction. Ethnographies and archaeologies. En *Ethnographies & archaeologies. Iterations of the past*, editado por Lena Mortensen y Julie Hollowell, pp 1-17. University Press of Florida, Gainesville.
Ingold, Tim
  1993   The temporality of the landscape. *World Archaeology* 25(2): 152-175.
  2010   No more ancient; no more human: the future past of archaeology and anthropology. En *Archaeology and anthropology: understanding similarity, ex-*

ploring difference, editado por Duncan Garrow y Thomas Yarrow, pp 160-170. Oxbow, Oxford.

Kant, Immanuel
    1964   ¿Qué es Ilustración? En *Filosofía de la historia*, de Immanuel Kant. Buenos Aires, Nova. [1784].

Kuper, Adam
    2001   *Cultura. La versión de los antropólogos*. Paidós, Barcelona.

Lame, Manuel Quintín
    2004   *Los pensamientos del indio que se educó dentro de las selvas colombianas*. Biblioteca del Gran Cauca, Popayán. [1971].

Lane, Paul
    2011   Possibilities for a postcolonial archaeology in sub-Saharan Africa: indigenous and usable pasts. *World Archaeology* 43(1): 7-25.

Langebaek, Carl
    1993   Arte precolombino-culturas. En *Gran Enciclopedia de Colombia*, Tomo 6, pp 27-42. Círculo de Lectores, Bogotá.

La Salle, Marina
    2010   Community collaboration and other good intentions. *Archaeologies* 6(3): 401-422.

Latour, Bruno
    1993   *We have never been modern*. Harvard University Press, Cambridge.
    2005   *Reassembling the social. An introduction to actor-network theory*. Oxford University Press, Oxford.

Lemonnier, Pierre
    1992   *Elements for an anthropology of technology*. Ann Arbor, University of Michigan.

Leone, Mark
    1999   Setting some terms for historical archaeology of capitalism. En *Historical archaeologies of capitalism*, editado por Mark Leone y Parker Potter, pp 3-20. Kluwer, Nueva York.

Little, Barbara
    2012   Public benefits of public archaeology. En *The Oxford handbook of public archaeology*, editado

por Robin Skeates, Carol McDavid y John Carman, pp 395-413. Oxford University Press, Nueva York.

Llanos, Héctor
    1995   *Los chamanes jaguares de San Agustín*. Edición de Héctor Llanos, Bogotá.

Lleras, Roberto
    1995   La historia prehispánica tardía del noroeste de Suramérica 800 a 1500 d.C. *Revista de Arqueología Americana* 8: 51-70.

Lumbreras, Luis Guillermo
    1981   *Arqueología de la América Andina*. Milla Batres, Lima.

Martín, Jesús
    2000   El futuro que habita la memoria. En *Museo, memoria y nación*, editado por Gonzalo Sánchez y María Emma Wills, pp 33-63. Museo Nacional, Bogotá.

Marx, Karl y Friedrich Engels
    1973   Manifiesto del Partido Comunista. En *C. Marx, F. Engels. Obras escogidas*, pp 99-140. Editorial Progreso, Moscú.

Mascia-Lees, Frances, Patricia Sharpe y Colleen Cohen
    1989   The postmodernist turn in anthropology: cautions from a feminist perspective. *Signs* 15: 7-33.

Meltzer, David, James Adovasio y Tom Dillehay
    1994   On a Pleistocene human occupation at Pedra Furada, Brazil. *Antiquity* 68: 693-714.

Meskell, Lynn y Peter Pels
    2005   Introduction: embedding ethics. En *Embedding ethics*, editado por Lynn Meskell y Peter Pels, pp 1-28. Berg, Oxford.

Mignolo, Walter
    2005   *The idea of Latin America*. Blackwell, Oxford.

Million, Tara
    2005   Developing an aboriginal archaeology: receiving gifts from White Buffalo Calf Woman. En *Indigenous archaeologies: decolonizing theory and practice*, editado por Claire Smith y Martin Wobst, pp 43-55. Routledge, Londres.

Mitchell, Timothy
    2000   The stage of modernity. En *Questions of modernity*, editado por Timothy Mitchell, pp 1-34. University of Minnesota Press, Minneapolis.

Moshenska, Gabriel
    2008   Ethics and ethical critique in the archaeology of modern conflict. *Norwegian Archaeological Review* 41(2): 159-175.

Mullins, Paul
    2010   Race and class. En *Handbook of postcolonial archaeology*, editado por Jane Lydon y Uzma Rizvi, pp 361-371. Left Coast Press, Walnut Creek.

Nicholas, George
    2008   Native peoples and archaeology. En *Encyclopedia of archaeology*, editado por Deborah Pearsall, pp 1660-1669. Academic Press, Nueva York.

Pardo, Mauricio
    2013   El patrimonio como una forma de culturización. Manuscrito sin publicar.

Partridge, William y Jorge Uquillas
    1996   *Including the excluded: ethnodevelopment in Latin America*. World Bank, Washington.

Pels, Peter
    1999   Professions of duplexity: a prehistory of ethical codes in anthropology. *Current Anthropology* 40(2): 101-114.

Pérez de Barradas, José
    1938   *Arqueología agustiniana*. Ministerio de Educación, Bogotá.
    1954   *Orfebrería prehispánica de Colombia. Estilo Calima*. Talleres Heraclio Fournier, Madrid.
    1958   *Orfebrería prehispánica de Colombia. Estilos Tolima y Muisca*. Jura, Madrid.
    1966   *Orfebrería prehispánica de Colombia. Estilos Quimbaya y otros*. Talleres Heraclio Fournier, Madrid.

Phillips, Philip
    1955   American archaeology and general anthropological theory. *Southwestern Journal of Anthropology* 11: 246-250.

Pittier, Henry
    1907   *Ethnographic and linguistic notes on the Paez Indians of Tierra Adentro, Cauca, Colombia.* American Anthropological Association, Washington.

Platón
    1993   *La república.* Altaya, Barcelona [370 AC].

Plazas, Clemencia y Ana María Falchetti
    1983   Tradición metalúrgica del suroccidente colombiano. *Boletín del Museo del Oro* 14: 1-32.
    1986   Patrones culturales en la orfebrería prehispánica de Colombia. En *Metalurgia de América precolombina*, editado por Clemencia Plazas, pp 203-227. Banco de la República, Bogotá.

Preuss, Konrad Theodor
    1974   *Arte monumental prehistórico.* Universidad Nacional, Bogotá. [1931].

Quijano, Aníbal
    1990   *Modernidad, identidad y utopía en América Latina.* El Conejo, Quito.

Rabinow, Paul
    1986   Representations are social facts: modernity and post-modernity in anthropology. En *Writing culture: the poetics and politics of ethnography*, editado por James Clifford y George Marcus, pp 234-261. University of California Press, Berkeley.

Reichel-Dolmatoff, Gerardo
    1972   *San Agustín: a culture of Colombia.* Praeger, Nueva York.
    1987   *Arqueología de Colombia: un texto introductorio.* Segunda Expedición Botánica, Bogotá.
    2005   El motivo felino en la escultura prehistórica de San Agustín. *Arqueología Suramericana* 1(2): 227-238.

Rosaldo, Renato
    1993   *Culture and truth. The remaking of social analysis.* Routledge, Londres.

SAA
    1996   Principles of archaeological ethics. *American Antiquity* 61(3): 451-452.

Said, Edward
1996 Representar al colonizado. Los interlocutores de la antropología. En *Cultura y Tercer Mundo 1. Cambios en el saber académico*, editado por Beatriz González, pp 23-59. Nueva Sociedad, Caracas.
2004 *Orientalismo*. Randon House Mondadori, Barcelona.

Sartre, Jean-Paul
1985 *Escritos sobre literatura*. Alianza Editorial, Madrid.

Schiffer, Michael
1972 Archaeological context and systemic context. *American Antiquity* 37(2): 156-165.

Schmidt, Peter
1995 Using archaeology to remake history in Africa. En *Making alternative histories: the practice of archaeology and history in non-western settings*, editado por Peter Schmidt y Thomas Patterson, pp 119-147. School of American Research Press, Santa Fe.

Segato, Rita Laura
2007 *La nación y sus otros. Raza, etnicidad y diversidad religiosa en tiempos de políticas de la identidad*. Prometeo, Buenos Aires.
2010 Los cauces profundos de la raza latinoamericana: una relectura del mestizaje. *Crítica y Emancipación* 3: 11-44.

Shankland, David
2012 *Archaeology and anthropology. Past, present and future*. Berg, Londres.

Shapin, Steven y Simon Schaffer
1985 *Leviathan and the air-pump: Hobbes, Boyle, and the experimental life*. Princeton University Press, Princeton.

Silverman, Helaine
2006 The historic district of Cusco as an open-air site museum. En *Archaeological site museums in Latin America*, editado por Helaine Silverman, pp 159-183. University Press of Florida, Gainesville.

Smith, Claire y Martin Wobst (Editores)
  2005   *Indigenous archaeologies: decolonizing theory and practice*. Routledge, Londres.
Smith, Laurajane
  2006   *Uses of heritage*. Routledge, Londres.
Snow, Charles Percy
  1959   *Two cultures and the scientific revolution*. Cambridge University Press, Cambridge.
Spivak, Gayatri
  2003   ¿Puede hablar el subalterno? *Revista Colombiana de Antropología* 39: 297: 364.
Strathern, Marilyn
  1987   An awkward relationship: the case of feminism and anthropology. *Signs* 12(21): 276-292.
Sullivan, Alan
  1978   Inference and evidence in archaeology: a discussion of the conceptual problems. *Advances in Archaeological Method and Theory* 1: 183-222.
Tarlow, Sarah
  2001   Decoding ethics. *Public Archaeology* 1: 245-259.
Taussig, Michael
  2012   *Chamanismo, colonialismo y el hombre salvaje*. Universidad del Cauca, Popayán. [1987].
Taylor, Charles
  1993   *La política del reconocimiento*. Fondo de Cultura Económica, México.
Todorov, Tzvetan
  1987   *La conquista de América: el problema del otro*. Siglo XXI, México.
Trimborn, Herman
  1949   *Señorío y barbarie en el valle del Cauca*. Instituto Gonzalo Fernández de Oviedo, Madrid.
Trouillot, Michel-Rolph
  2011   *Transformaciones globales. La antropología y el mundo moderno*. Universidad del Cauca-Universidad de los Andes, Popayán.
Tyler, Stephen
  1986   Post-modern ethnography: from document of the occult to occult document. En *Writing culture: the poetics and politics of ethnography*, editado

por James Clifford y George Marcus, pp 122-140. University of California Press, Berkeley.

UNESCO
2004 *Impact. The effects of tourism on culture and the environment in Asia and the Pacific: tourism and heritage site management in Luang Prabang, Lao PDR*. UNESCO, Bangkok.

Uribe, María Victoria
1986 La estratificación social entre los Proto-Pasto. En *Arqueología y etnohistoria del sur de Colombia y norte del Ecuador*, editado por José Alcina y Segundo Moreno, pp 211-218. Abya Yala, Quito.
1995 Tendencias del desarrollo tardío de los cacicazgos andinos colombianos. En *Perspectivas regionales en la arqueología del suroccidente de Colombia y norte del Ecuador*, editado por Cristóbal Gnecco, pp 245-262. Universidad del Cauca, Popayán.

Uribe, Rafael
1979 *Obras selectas*. Cámara de Representantes, Bogotá. [1907].

Viveiros de Castro, Eduardo
2004 Perspectival anthropology and the method of controlled equivocation. *Tipití: Journal of the Society for the Anthropology of Lowland South America* 2(1): 3-22.

Wade, Peter
2006 Etnicidad, multiculturalismo y políticas sociales en América Latina. *Tabula Rasa* 4: 59-81.

Warman, Arturo, Margarita Nolasco Guillermo Bonfil, Mercedes Olivera y Enrique Valencia
1970 *De eso que llaman antropología mexicana*. Nuestro Tiempo, México.

Watkins, Joe
2000 *Indigenous archaeology. American Indian values and scientific practice*. Altamira Press, Walnut Creek.
2003 Archaeological ethics and American Indians. En *Ethical issues in archaeology*, editado por Larry Zimmerman, Karen Vitelli y Julie Hollowell-Zimmer, pp 57-69). Altamira, Oxford.

2015 An Indigenous anthropologist's perspective on archaeological ethics. En *Ethics and archaeological praxis*, editado por Cristóbal Gnecco y Dorothy Lippert, pp 21-26. Springer, Nueva York.

White, Leslie
1975 El concepto de cultura. En *El concepto de cultura: textos fundamentales*, editado por Joel Kahn, pp 129-155. Anagrama, Barcelona. [1959].

Wright, Susan
2007 La politización de la "cultura". En *Constructores de otredad. Una introducción a la antropología social y cultural*, editado por Mauricio Bovin, Ana Rosato y Victoria Arribas, pp 128-141. Antropofagia, Buenos Aires.

Wylie, Alyson
2005 The promise and perils of an ethic of stewardship. En *Embedding ethics: shifting boundaries of the anthropological profession*, editado por Lynn Meskell y Peter Pels, pp 47-68. Berg, Oxford.

Žižek, Slavoj
1998 *Multiculturalismo o la lógica cultural del capitalismo multinacional*. Paidós, Buenos Aires.

Índice analítico

A

afiliación cultural 49. **Véase también** continuidad cultural
África 29, 39, 40, 69, 70, 158
alterización 33, 80, 93
América 32, 37, 39, 40, 42, 46, 100, 121, 169, 172, 179, 201, 207, 212, 219, 220, 222, 226, 228, 230, 231
    Latina 42, 100, 121, 179, 212, 219, 222, 228, 231
antropología 16, 17, 30, 31, 37, 38, 39, 40, 41, 42, 43, 44, 45, 46, 47, 49, 50, 51, 53, 54, 55, 56, 57, 60, 61, 63, 64, 68, 78, 87, 101, 108, 119, 131, 146, 179, 201, 202, 203, 229, 230, 231
    de la tecnología 53, 54
    simétrica 54
arqueología(s) 11, 13, 14, 15, 16, 17, 18, 19, 21, 22, 23, 24, 25, 26, 27, 28, 29, 31, 32, 34, 35, 37, 38, 39, 40, 41, 45, 46, 47, 48, 49, 50, 51, 52, 53, 54, 55, 56, 57, 60, 61, 62, 64, 65, 66, 67, 68, 72, 73, 75, 76, 77, 78, 79, 80, 81, 82, 83, 84, 85, 86, 87, 88, 89, 91, 93, 94, 95, 96, 97, 98, 99, 101, 102, 104, 105, 106, 107, 108, 109, 110, 111, 112, 113, 114, 115, 131, 133, 141, 142, 143, 144, 147, 150, 151, 152, 153, 154, 155, 156, 157, 158, 159, 160, 161, 163, 164, 165, 166, 168, 171, 172, 176, 179, 180, 181, 182, 183, 185, 186, 191, 196, 199, 201, 202, 203, 205, 207, 208, 209, 210, 211, 214, 215, 221, 222, 231
    alternativas 19, 26, 105, 142, 147, 150, 152, 153, 154, 155, 156, 159
    de contrato 16, 46, 55, 81, 82, 160, 207, 208, 214, 215
    multicultural 14, 21, 22, 23, 25, 26, 31, 34, 64, 65, 72, 81, 208
Asia 39, 40, 137, 138
Atalay, Sonya 24, 25, 26, 31, 32, 34, 35, 153, 156, 157, 158, 218
axiológico 43

B

Binford, Lewis 46
Bonfil, Guillermo 33, 113, 153, 194
Brasil 16, 18, 166, 209
Briones, Claudia 33

C

capitalismo 16, 22, 27, 47, 55, 80, 81, 82, 87, 91, 99, 154, 157, 232
chaîne opératoire 54
civilización 39, 40, 41, 42, 70, 101, 110, 173, 177, 178, 179, 186
Clarke, David 47
Cobo, Juan Gustavo 38
Colombia 91
colonialidad 41, 92, 106, 109, 112, 210
colonialismo 37, 41, 45, 47, 65, 68, 72, 92, 93, 110, 129, 130, 230
conocimiento 13, 17, 28, 29, 35, 42, 43, 44, 50, 52, 62, 65, 70, 73, 76, 81, 85, 86, 87, 88, 93, 94, 101, 104, 108, 109, 131, 133, 136, 142, 143, 148, 155, 158, 191, 192, 197, 204, 205, 208, 210, 211
constructivismo 14, 57, 68, 70, 147
continuidad cultural 49, 50. **Véase también** afinidad cultural
corrección política 26, 28, 55, 80, 86, 111, 160
cosmopolítica 54
cultura 32, 43, 48, 52, 53, 54, 60, 62, 68, 70, 71, 80, 85, 100, 105, 114, 122, 128, 129, 137, 149, 153, 163, 164, 165, 166, 173, 174, 178, 180, 181, 187, 194, 195, 232
    material 48, 53, 54, 174

D

de Castro, Eduardo Viveiros 55, 93
declaraciones de Barbados 44
de la Cadena, Marisol 55
democracia 24, 29, 94, 95, 96, 97, 99, 104, 110, 111, 115, 128, 139, 159, 210, 213
denegación de coetaneidad 40
desarrollo 11, 12, 44, 55, 77, 79, 81, 82, 83, 87, 99, 101, 105, 110, 129, 137, 138, 139, 154, 156, 161, 169, 175, 179, 180, 215

Índice analítico

diferencia 14, 17, 30, 33, 34, 39, 40, 43, 56, 61, 69, 70, 72, 80, 89, 94, 96, 98, 99, 100, 102, 103, 104, 105, 106, 107, 109, 110, 112, 113, 114, 115, 123, 126, 135, 143, 149, 175, 189, 199, 221
disciplina 11, 12, 13, 14, 15, 16, 17, 23, 24, 25, 26, 28, 31, 35, 44, 45, 46, 47, 48, 50, 52, 53, 61, 66, 73, 76, 77, 78, 80, 81, 82, 83, 84, 86, 88, 95, 96, 97, 104, 105, 107, 111, 116, 141, 142, 147, 150, 151, 152, 153, 156, 157, 158, 159, 160, 165, 166, 201, 202, 207, 211, 215
discursivo 12, 13, 94, 136
discurso 11, 30, 41, 45, 66, 68, 76, 93, 94, 109, 120, 132, 133, 204, 208, 215
diversidad cultural 22, 25, 27, 80, 89, 110, 113, 122, 123, 124, 125, 126, 135
dominación 45, 92, 126, 150, 171, 195, 196, 199

E

economía política 17, 54
entendimientos interontológicos 15
epistémico 43, 60
epistemología 104, 119, 182
    indígena 26, 152, 153, 158
Escobar, Arturo 12
esencialismo 22, 68, 71, 72, 147
espistemología
    indígena 26
Estado-nación 61, 64, 118
etnoarqueología 47, 52, 96, 142
etnografía 20, 50, 51, 52, 53, 55, 60, 66, 73, 185, 191
    arqueología 51, 52, 56
    del patrimonio 119
Europa 37, 39, 40, 50, 92, 116, 119, 127
evolucionista 12, 65, 163, 179
exterioridad 29, 39, 42, 87, 124

F

Fabian, Johannes 15, 61, 146
Fahlander, Fredrik 24, 25, 221

feminismo 13, 30
fetichismo/fetichista 41, 54, 68, 119, 120
Feyerabend, Paul 203, 204, 205
First Nations 32, 50, 217

G

Gamio, Manuel 44
genealogía 25, 31, 52, 143
género 31, 42, 62, 98, 106
Glenbow Museum 32
Gosden, Chris 48
Gusinde, Martín 59

H

Head-Smashed-In Buffalo Jump 32
hermenéutica 13, 14, 15, 142
heterogeneidad 33, 66, 106, 110
historización 24, 26, 85, 119, 181

I

identidad 13, 33, 41, 47, 60, 62, 67, 68, 70, 71, 97, 108, 112, 123, 126, 127, 128, 131, 135, 151, 168, 194, 228
indígenas 24, 26, 28, 31, 32, 34, 40, 41, 44, 45, 48, 59, 65, 79, 81, 84, 97, 102, 108, 111, 114, 121, 132, 150, 151, 152, 153, 156, 157, 158, 160, 185, 186, 187, 188, 189, 190, 191, 192, 194, 195, 196, 197, 198, 199, 202, 209, 210, 211
indigenismo 41, 44, 99, 113, 202
indios 40, 41, 43, 50, 178, 185, 195
Ingold, Tim 56
instrumentalismo 47
intersubjetivo 52, 57, 64, 73

L

Latour, Bruno 54, 163
logocéntrico 128

M

marxismo 13, 24, 65, 98
materialidad 50, 51, 54, 117, 133, 142, 144, 154, 156
mercado 11, 16, 23, 32, 34, 37, 55, 77, 81, 82, 83, 101, 102, 104, 119, 122, 126, 127, 129, 130, 131, 132, 196, 197, 208, 211, 214, 215
mestizaje 105
mestizo 41
metafísica 12, 16, 104, 141, 142, 145, 147, 150, 160, 168, 171, 179, 209
modernidad 12, 14, 17, 21, 22, 26, 29, 31, 35, 39, 40, 41, 42, 43, 44, 54, 56, 57, 60, 61, 63, 64, 65, 68, 69, 70, 72, 76, 86, 87, 91, 92, 93, 94, 95, 96, 97, 99, 100, 101, 103, 104, 105, 106, 109, 110, 111, 112, 115, 118, 122, 124, 125, 127, 128, 134, 143, 147, 148, 151, 153, 155, 156, 157, 159, 160, 163, 164, 166, 167, 178, 180, 182, 183, 195, 203, 215, 222
multiculturalismo 13, 17, 19, 21, 22, 33, 37, 64, 65, 67, 72, 75, 76, 80, 82, 83, 89, 100, 102, 115, 116, 121, 122, 124, 125, 126, 128, 130, 188, 194, 207, 231
multinaturalismo 55
multivocalidad 21, 23, 24, 25, 26, 27, 28, 31, 32, 34, 35, 111, 157
Museo 19, 211, 226, 228

N

nación 34, 42, 44, 47, 61, 64, 101, 114, 115, 118, 124, 127, 128, 164, 169, 176, 196, 214, 217
nacional 33, 34, 37, 39, 40, 41, 42, 47, 67, 70, 101, 115, 118, 120, 121, 124, 125, 128, 136, 173, 178, 179, 185, 186, 187, 192, 208
nacionalismo 17, 28, 41, 45, 65, 73, 124, 208
narrativas 11, 14, 15, 39, 40, 45, 66, 105, 110, 122, 124, 127, 136
National Museum of Civilization 32
naturalización 11, 24, 25, 71, 101, 108, 113, 117, 120, 131, 146
neutralidad 45, 124
nomotética 46
Nueva Zelandia 40

O

ontología 12, 13, 28, 41, 56, 71, 76, 78, 82, 86, 91, 97, 105, 112, 113, 136, 143, 146, 147, 149, 152, 153, 156, 157, 158, 159, 160, 166, 167, 168, 199, 213
organización tecnológica 54

P

patrimonio 15, 16, 17, 40, 68, 82, 101, 102, 117, 118, 119, 120, 121, 122, 126, 127, 128, 129, 130, 131, 132, 133, 134, 135, 136, 137, 138, 139, 140, 147, 152, 159, 185, 188, 190, 192, 196, 197, 198, 210, 211, 212, 213, 214, 227
Phillips, Philip 46
pluralismo 24, 98, 112, 122, 135
positivismo 14, 57, 62, 204
postcolonialismo 48
postmodernidad 31, 72, 126
postnacional 37, 121, 122
praxeológico 43, 63
preguntas metadisciplinarias 47
programa científico 12, 13, 46, 53, 141, 165, 167, 204

R

registro arqueológico 47, 77, 78, 79, 82, 86, 96, 119, 175, 179, 215
reificación 15, 21, 24, 66, 75, 79, 85, 86, 103, 104, 119, 120, 121, 146, 155
relativismo 21, 30, 31, 33
repatriación 14, 17, 29, 48, 49, 78
representación 15, 34, 59, 60, 61, 62, 63, 64, 65, 66, 67, 94, 100, 103, 104, 166, 167, 204

S

salvaje(s) 22, 27, 39, 40, 41, 42, 78, 97, 124, 146, 177, 178, 186, 230
Segato, Rita 34, 102, 105, 112, 113, 115, 135, 229
siglo XIX 39, 42, 43, 61, 65, 74, 169, 179, 186, 217
Stengers, Isabelle 54
subalternización 113

subalternos 32, 141, 159
sub-disciplinas 37
Suramérica 51, 169

T

techné 53
teleología 40, 126, 129, 180
Tercer Mundo 28
Tierra del Fuego 59
tipologías 46, 61, 163, 164, 166, 168, 198, 208
Todorov, Tzvetan 43, 230
tolerancia 22, 31, 34, 114

U

universalismo 13, 76, 119
Uribe, Rafael 42

V

violencia postideológica 22

W

Wanuskewin 32

Z

Žižek, Slavoj 22